Monika Hausammann
Die große Verkehrung

www.fontis-verlag.com

Monika Hausammann

Die große Verkehrung

*Dem Humanismus
mit biblischem Denken begegnen.*

Eine Ansage.

fontis

Bibliografische Information der Deutschen Nationalbibliothek
Die Deutsche Nationalbibliothek verzeichnet diese Publikation in der
Deutschen Nationalbibliografie; detaillierte bibliografische Daten sind im
Internet über www.dnb.de abrufbar.

Der Fontis-Verlag wird von 2021 bis 2024
vom Schweizer Bundesamt für Kultur unterstützt.

2. Auflage 2022

© 2022 by Fontis-Verlag Basel

Die Bibelstellen wurden, soweit nicht anders angegeben,
folgender Übersetzung entnommen:
Lutherbibel (Bibelserver.de)

Umschlag: Spoon Design, Olaf Johannson, Langgöns
Bild: Mauromod/Shutterstock.com
Satz: Justin Messmer, InnoSet AG, Basel
Gedruckt in der Tschechischen Republik

ISBN 978-3-03848-233-8

Inhalt

Vorwort von Dominik Klenk 7

Des Menschen Stellung in der Welt 9

Kapitel 1: Von Nachtmeerfahrten und Zielgeraden 13

Kapitel 2: Menschen brauchen Ordnung 19

Kapitel 3: Ordnung als Schutzfunktion und Leitplanke 23

Kapitel 4: Wer oder was ist «der Mensch»? 25
Der *moderne* Personenbegriff. 25
Praxistest 28
Der *biblische* Personenbegriff 41

Kapitel 5: Freiheit und die Gebundenheit an ein Ziel . . 53
Die *neue* Freiheit: Umverteilung und soziale Ruhe 57
Die *alte* Freiheit: Heimkehrender Geliebter 71

Kapitel 6: Nur Individuen handeln 87
Lusthandeln versus Leidenshandeln 93
Handeln vor Gott 102

Kapitel 7: Was sollen wir tun? 113
Religion der Unsicherheit 113
Kompass zum lebendigen Leben. 126

Die Autorin 139

Anmerkungen 141

Vorwort

Dieses kleine gelbe Buch birgt eine Menge Sprengkraft in sich. «Wow», dachte ich, als ich das Manuskript zum ersten Mal in den Händen hielt. Hier schreibt jemand klug und mit Verve. Sogar mit aphoristischem Talent. Die gedankliche Klarheit und programmatische Gradlinigkeit, mit der Monika Hausammann den Leser durch ihre Argumentation leitet, hat etwas Bestechendes: Sie wagt das Experiment, große, wohlfeil gewordene Begriffe wie Freiheit und Ordnung, Person und Beziehung vom diffusen Wohlklang zu befreien und einfach mal radikal zu Ende zu denken. Und das im Abgleich mit der biblischen Rede über Gott und den Menschen. Ein Essay, der nicht weniger will, als den Humanismus mit biblischem Denken zu kontern. Das ist mal eine Ansage. Eine lohnende, wie ich meine.

In unserer zunehmend kleinteiligen, digitalen und fluiden Welt stürzt sich die Autorin in den unübersichtlich gewordenen Strom der Sprache und versteht es wie ein geübter Fährmann, den Sprachstrom Gottes von den Stromschnellen des Zeitgeistes zu unterscheiden. Auf diese Weise macht sie die «Denkfiguren der Verkehrung» sichtbar, die uns wie ein Strudel nach unten, in die Absurditäten persönlicher und kollektiver Lebenslügen zieht.

Das Buch ist eine wichtige Stimme im Sprachstrom unserer Zeit. Es lädt zum Aufwachen ein, zum Mitschwimmen, gewiss auch zum Widerspruch. Vor allem aber mahnt es die dringend notwendige Debatte an, in der wir uns als Erben und Gestalter der abendländischen Kultur neu positionieren müssen, auch entgegen medial inszenierter und politisch suggerierter Alternativlosigkeiten. Wir brauchen Zwischenrufe dieser Art, die uns von dem faulen Frieden und der lauen Trägheit fortziehen, der wir uns nur zu gern ergeben. Frei werden heißt, sich zu verantworten, ohne auszuweichen. Die heilige Unruhe dieser Botschaft ist denen gewiss, die den Sprachstrom dieses Buches durch sich hindurchlassen.

Dominik Klenk, Verlagsleiter Fontis-Verlag

Des Menschen Stellung in der Welt

Als ich mich an diesen Text setzte, hatte ich einen Plan: *Zwei Monate. Zehn Gebote. Hundert Seiten.* Es sollte eine kurze, möglichst objektive Gegenüberstellung von dem werden, was heute oft und gerne «unsere freiheitliche» oder «unsere humanistische Grundordnung» genannt wird, und den «Du sollst»-Aussagen der Bibel.

Das Ziel war, ihr jeweiliges Koordinatensystem auf seine praktische Tauglichkeit zur langfristigen Sicherung des Zusammenlebens innerhalb einer Gemeinschaft abzuklopfen.

Bereits nach wenigen Wochen wurde mir aber klar: Die Frage nach einer tragfähigen Ordnung des Zusammenlebens und Zusammenarbeitens ist vor allem anderen die Frage nach dem Menschen und nach seiner Stellung in der Welt. Sie wohnt als Urgrund jeder Beziehung inne, die wir zur Welt unterhalten, jedem Schritt, den wir tun, und jedem Lebensbereich, mit dem wir verbandelt sind – Politik, Wirtschaft, Religion, Bildung, Wissenschaft, Medien, etc.

Die Folge: Die anfängliche Frage nach den praktischen Anweisungen der Bibel und jenen des Humanismus beziehungsweise des *sogenannten* Humanismus wurde zur Frage nach dem Menschen, nach seinen Neigungen und seiner Freiheit.

Nun bin ich aber weder Philosophin noch Sozialwissenschaftlerin noch Theologin. Was also tun, um die Frage nach dem

Menschen auf eine Halt bietende Grundlage für eine gute Ordnung weder in dogmatischer Härte zu stellen, noch zu einem esoterischen Selbstgespräch zu verwässern?

Die Lösung lautete: Freimütigkeit. Mit Freimütigkeit mich all diesen Disziplinen nicht nur nähern, sondern damit hantieren. Freimütig auf sichernde Polster und weichzeichnende Filter verzichten. Und schließlich freimütig dazu stehen, dass mein persönlicher Glaube, mein Denken und mein Erleben eine Einheit bilden, die ich weder trennen will noch trennen kann.

Für alles Folgende gilt demnach: Es ist auf der Grundlage meines persönlichen Glaubens an den lebendigen Gott geschrieben, der mir in der Bibel als Schöpfer, Richter und Befreier des Menschen entgegentritt. Nichts steht zwischen den Zeilen, sondern alles offen darin. An keiner Stelle betreibe ich das, was der Autor und Publizist Douglas Murray so treffend als «Jesusschmuggel» bezeichnete: den Versuch, Glaubensinhalte an den Zollschranken der Aufmerksamkeit des Lesers vorbeizuschmuggeln. Alles ist sauber deklariert.

Bei der Suche nach den relevanten Fragen und nach Ansätzen zu Antworten waren mir nebst der Bibel die Schriften von Helmut Thielicke, Joachim Cochlovius, Ludwig von Mises, Jordan Peterson, Karl Popper, Paul Watzlawick, Richard Wurmbrand, Charles Haddon Spurgeon, Henri Nouwen und Walter Lüthi unverzichtbare Wegweiser und Lotsen.

Fehlinterpretationen und Undeutlichkeiten gehen allein zu meinen Lasten.

Robert Nef danke ich für den Austausch zum Thema und *das* Stichwort, Matthias Matussek, Peter Ruch, Gerd Roggenhausen und Josef Hueber für die Bereitschaft zur Kritik und meinen Eltern Therese und Peter Hausammann für ihre unermüdliche geistige und geistliche Unterstützung. Danke von Herzen.

Kapitel 1:
Von Nachtmeerfahrten und Zielgeraden

Stellen Sie sich vor, einer mache sich daran, ein Haus zu errichten, und der einzige Plan, den er hat, erschöpfe sich im Niederreißen der alten Mauern, während seine Vision für das Neue allein in der konsequenten Umkehrung sämtlicher bekannter Regeln der Baukunst bestünde.

Jeder vernünftige Mensch erkennt auf Anhieb die Unvernunft eines solchen Vorhabens. Umso erstaunlicher ist es, dass genau *diese totale Verkehrung* in einem ungleich tiefgreifenderen Sinn vor unser aller Augen mit dem ältesten und bewährtesten Regelwerk menschlichen Lebens und Zusammenlebens geschehen ist und geschieht, ohne dass es zum Thema oder überhaupt bemerkt wird. Die Rede ist von den Ordnungen, wie die Bibel sie uns vor Augen stellt.

Was Politik, Hauptstrommedien, Bildungseinrichtungen, Wissenschaft, NGOs, supranationale Organisationen, Großkonzerne, Kirchen und der Kulturbetrieb – im Folgenden zusammenfassend als «Meinungsindustrie» bezeichnet – heute unter den Schlagworten der Offenheit, der Toleranz, der Inklusion, der Gerechtigkeit und der Diversität gleichsam als Plan und Vision für den Bau unserer Zukunft anpreisen, ist nichts anderes als das Niederreißen der alten Mauern.

Relativierung, Auflösung, Umkehrung

Die sogenannt neue Ordnung ist nicht neu, sondern die Rückseite der Gesetzestafeln[1], auf der das exakte Gegenteil dessen geschrieben steht, was die Bibel dem Menschen als Anweisung für ein gutes Leben nahelegt.

Machen Sie die Probe aufs Exempel und nehmen Sie irgendeinen Grundsatz, ein Gebot oder eine Wenn-Dann-Aussage der Bibel, und Sie werden feststellen, dass die zeitgeistigen Verlautbarungen und die konkreten Bemühungen der Meinungsindustrie auf ihre Relativierung, ihre Auflösung oder ihre Umkehrung ins Gegenteil hinauslaufen. Allein dieser Umstand ist meiner Meinung nach Grund genug, sich mit dem Gegenstand zu befassen, der bei all dem zwar nie erwähnt, aber praktisch nach allen Regeln der Kunst bekämpft wird – der Bibel.

Für die einen sind die Bücher der Bibel lebendiges Wort Gottes und Wahrheit, Anspruch und Zuspruch, Offenbarung des Menschen Rechte *bei* Gott und seiner Pflichten *vor* Gott, Urteilsspruch und Liebeswort, Gesetz und Evangelium.

Für andere sind sie reiner Mythos, ihre Ordnungen bestenfalls eine praktische Anleitung zu richtigem Handeln, eine moralische Instanz oder schlicht nicht von Interesse.

Nebst der Tatsache, dass hier zwischen einigen der verschiedenen Sichten auf das «Buch der Bücher» eine Art Scheingegnerschaft kultiviert wird, wo diese sehr wohl nebeneinander und sich ergänzend existieren können, ist es natürlich akzeptabel, dass ein freier Mensch nicht an die Bibel glaubt. Dennoch stellen ihre Bücher an jeden Einzelnen ein und denselben Anspruch: den der Kenntnis. Man sollte, was man ablehnt, ebenso kennen wie das, woran man glaubt. Gerade in diesem Fall, wo der Bezug zur Aktualität durch die allumfassende Verkehrung nicht zu übersehen ist.

Außerdem hat Kierkegaard recht, wenn er von der Bibel sagt: «*Ich* bin es, zu dem hier gesprochen wird, *ich*, von dem gesprochen wird. Dies ist der Ernst, eben dies ist der Ernst.»[2]

Obwohl gerade das Wort «Mensch» in der Bibel selten vorkommt, ist sie *das* Menschen- und Menschheitsbuch schlechthin. Ihr Einfluss kann weder vollständig erfasst noch überschätzt werden. Tatsache ist: Tut man die Bibel als wertlos und nicht zeitgemäß ab, tut man dasselbe mit unserer Kultur und den kulturellen Erzeugnissen von Jahrtausenden.

Auch die Werke von Marx und Engels sind voller biblischer Bezüge. Nietzsche bedauerte es zwar, «noch fromm» zu sein, war aber von einer intellektuellen Redlichkeit und einer großzügigen Art des Unglaubens, die es ihm nicht erlaubt hätte, in die Quelle zu spucken, aus der unsere ganze Zivilisation getrunken hat und noch trinkt: «(...) dass auch wir Erkennenden von heute, wir Gottlosen und Antimetaphysiker, auch unser Feuer noch von dem Brande nehmen, den ein jahrtausendealter Glaube entzündet hat, jener Christen-Glaube, der auch der Glaube Platos war, dass Gott die Wahrheit ist, dass die Wahrheit göttlich ist ...».[3]

Oder anders gesagt: Ein Nicht-Glaubender, wenn er aufrichtig ist, verweigert sich der Unkenntnis und lässt in Anbetracht dessen, was die Menschheit dem Christentum verdankt, auch die Frage zu, ob die angebliche Widersprüchlichkeit und Unemanzipiertheit der Bibel, die «fundamentalistische Zumutung»[4], möglicherweise nicht in Gesetz und Evangelium, sondern in der Vernunft des Menschen begründet ist.

Sackgassen und falsche Erlösungsangebote

Was ist das denn überhaupt für eine Vernunft, auf die wir heute unser Leben und Zusammenleben zu stellen versuchen?

Ist es dieselbe im und auf dem Menschen gründende Vernunft, die Stalin und Hitler zugejubelt hat und heute noch einen Mao oder einen Che Guevara verehrt? Die Vernunft, die immer wieder Kriege und Maßenmorde rechtfertigte? Die Vernunft, die zur Lösung menschlicher Probleme in regelmäßigen Abständen zu Zwang und Unterdrückung greift? Die Vernunft, die heute den «alten weißen Mann» bekämpft mit Mitteln, Zeit und Begriffen, die sie ohne den alten weißen Mann gar nicht kennen, geschweige denn besitzen würde?[5]

Oder ist es die Vernunft, die behauptet, Schulden führten zu langfristigem Wohlstand, und um Freiheit und Leben zu bewahren, müsse man zeitweise auf beides verzichten? Die Vernunft, die als Letztbegründung immer öfter zu Alternativlosigkeit, Furcht und Feindbildern greift, und die denen, welche sich auf sie einlassen, nur die Wahl zwischen logischer Inkonsequenz und Feigheit bietet? Eine Vernunft also, die einen in die Sackgasse von Menschengefälligkeit, Menschenhörigkeit und Menschenangst führt und die weder im Hören noch im Sehen noch im Verstehen, sondern ausschließlich im Glauben, im Nicht-Wahrhaben-Wollen und in der schizophren anmutenden Leugnung gewisser Aspekte der Wirklichkeit Erlösung bietet?

Ist das überhaupt noch Vernunft? Ist das noch Erkenntnisvermögen, oder ist es bloß noch moralisch sanktionierte Erkenntnisverweigerung?

Befreiungsgeschichte als Gefahr

Die Tatsache, dass die ernsthafte Diskussion über das alte und das neue Wesen «unserer freiheitlichen Ordnung» abseits von NGO-Kampagnen und Politikerpathos anlässlich von Staatsakten, Nationalfeiertagen und Terroranschlägen nicht nur *nicht* geführt, sondern dort, wo sie geführt wird, als vernachlässigbares Anliegen rückwärts gerichteter Gruppierungen verunglimpft und diesbezügliche Unbildung mit «Wokeness» gleichgesetzt wird, führt meiner Meinung nach zu noch ganz anderen Fragen:

Kann es sein, dass es für diesen Umgang der Meinungsindustrie mit der Bibel und ihren Ordnungen denselben Grund gibt, der Demagogen und Diktatoren seit jeher bewogen hat, Christen in Verruf zu bringen, zu ächten und zu verfolgen? Weil die biblische Geschichte eine Befreiungsgeschichte ist, die auch für Tyrannen der Buntheit, der Inklusion, der Gerechtigkeit und der Toleranz eine Gefahr darstellt? Weil sich herausstellen könnte, dass nicht die Bibel «das Opium des Volkes»[6] ist, sondern die Neu-Orthodoxien der Gegenwart dieses Opium sind, die mit dem Schüren von Gefühlen immerwährender Angst, Benachteiligung, Diskriminierung, Unterdrückung und allgemeiner Verletztheit die Menschen auf haltlose Affekte festnageln und ihre Hirne und Seelen vernebeln? Genauso wie die Riten und Bekenntnisse einer Neugläubigkeit, welche die Masse, um sie unter das Joch einer weiteren unerfüllbaren diesseitigen Eschatologie zu bringen, auf eine utopische Hoffnung einschwört, welche auch in der buntesten Version nur um den Preis des «richtigen Denkens» zu haben ist?

Tatsache ist, dass das, worauf den gängigen Parolen zufolge unsere Zukunft erbaut werden soll, der exakten Verkehrung der biblischen Ordnungen in ihr Gegenteil entspricht: Wo das, was der Zeitgeist «Fortschritt und Offenheit» nennt, nur mit inquisitorisch-eiferndem Hinwegfegen des Hergebrachten aus sämtlichen Lebensbereichen erreichbar zu sein scheint, und wo schließlich jenes gewaltige Wort, das die Menschen durch die Zeit hindurch aus jeder Knechtschaft[7] ruft, als Chiffre für das Unmoderne und Unaufgeklärte zu gelten hat.

Auf einer Art Zielgeraden

Da stehen wir. Und fast sieht es danach aus, als befänden wir uns nach Jahrzehnten, während derer man diesen Weg Schritt für Schritt gegangen ist, inzwischen auf einer Art Zielgeraden. Sowohl die Logik als auch die nüchterne Beobachtung der Wirklichkeit und die Bibel legen nahe, dass jeder weitere Schritt in dieselbe Richtung zum Rückschritt wird, dass diese Art der Freiheit Knechtschaft ist, und dass das Ende dieses Weges mit dem Ende des Zeitalters der Vernunft zusammenfällt und in der «Nachtmeerfahrt [einer] Massenpsychose»[8] mündet. Einer weiteren Massenpsychose.

Grund genug also, fragend und Verantwortung fordernd auf das aktuelle und exklusiv beworbene Verständnis der Wirklichkeit von Mensch, Freiheit und Welt zuzugehen und es in direkten Vergleich mit dem zu stellen, wovon die Bibel sagt, es sei nicht nur eine gute, sondern die richtige Ordnung, und es gehe bei der Entscheidung, ob man sich in diese Ordnung gestellt sehen oder sie verwerfen wolle, um nicht weniger als um Leben und Tod.

Die Fakten zeigen: Der Riss, der zwischen unserer christlichen Herkunft und dem verläuft, was sich – fälschlicherweise, wie wir sehen werden – «säkularer Humanismus» nennt, wird nicht dadurch kleiner, dass man sich wegduckt, Migräne vortäuscht oder sich für «nicht zuständig» erklärt. Und es ist dem sogenannt emanzipierten Menschen nicht würdig, an dem vorbeizuleben und vorbeizusterben, wovon Menschen und Werke Dutzender Generationen bezeugen, es sei Leben, das zum Reichtum innerer Unendlichkeit, zu Herzensbildung, Charakterstärke, Liebesfähigkeit, Freiheit und seelischem Frieden führen wird. Auch und gerade im Tod.

Kapitel 2:
Menschen brauchen Ordnung

Menschen brauchen Gewohnheiten. Eine in sich gleich bleibende verlässliche Basis fester Ordnungen des Denkens und des Handelns.

Als Alexander Pope zu Beginn des 18. Jahrhunderts schrieb, Ordnung sei des Himmels oberstes Gesetz, fasste er nicht nur diese Tatsache in Worte, sondern auch das, was heute in der Psychiatrie als gegeben gilt: dass die Welt dem Menschen ohne Ordnung regellos, chaotisch und völlig unvorhersehbar und damit bedrohlich erscheint. Und dass dies ebenso für vermeintlich Kleines wie für Großes gilt. Für abstrakte Gegenstände wie Sprache, Ideen und Zahlen ebenso wie für unsere Umgebung – egal ob Zweizimmerwohnung oder das Sternenzelt.

Paul Watzlawick[9] setzt Ordnung mit Verstehen, die Absenz von Ordnung mit Konfusion, also Verwirrung gleich. Jordan Peterson[10] seinerseits setzt Ordnung mit Sinn und Bedeutung, das Fehlen von Ordnung mit Sinnlosigkeit, mit dem Unbekannten und mit Chaos gleich. Einig sind sich beide darin, dass Un-Ordnung als Un-Wirklichkeit empfunden wird und bewusst oder unbewusst Unbehagen bis hin zu blankem Entsetzen verursacht – die totale und lähmungsartige Fixierung auf den angsterzeugenden Moment.

Das bedeutet: Wo es keine festen Gewohnheiten gibt und wo keine tradierte Ordnung Basis allen menschlichen Handelns ist, gibt es auch keine Entwicklung und keinen Fortschritt.

Man tritt – persönlich oder als Gemeinschaft – bestenfalls auf der Stelle.

Und im Umkehrschluss: Um Unbehagen und Angst zu vermeiden, wo wir die uns unmittelbar betreffende Wirklichkeit nicht verstehen und wo wir nicht in der Lage sind, sie so zu ordnen, *dass* wir sie verstehen – seien es andere Menschen, Ereignisse, eine Umgebung oder unsere Gedanken –, werden wir unser Bemühen zuerst und automatisch darauf richten, diesbezüglich Abhilfe und also Ordnung zu schaffen. Und werden uns nicht oder nur noch oberflächlich anderem widmen beziehungsweise von allem anderen wegorientiert sein.

Negativ ausgedrückt: Der Mensch kann auf Dauer nicht in Unordnung und damit Unwirklichkeit leben. Es ist ihm unmöglich, *nicht* zu versuchen, einem Ereignisablauf oder einer Situation eine Ordnung zuzuweisen.

Nur im Verstehbaren können wir leben. Alles andere ist zuerst Unbehagen, dann Angst, dann Wahn.

Damit gilt: Erst wo wir die Wirklichkeit verstehen, können wir produktiv, entdeckend und schöpferisch handeln.

Erst da, wo wir eine Ordnung erkennen, können wir zu Schöpfern innerer oder äußerer Universen werden.[11]

Im Umkehrschluss gilt daher auch, wofür meiner Meinung nach sowohl das letzte Jahrhundert als auch die aktuelle Zeit eindrücklich Zeuge stehen: Wo Verwirrung und Nicht-Verstehen herrschen, regiert Stillstand.

Stillstand aber ist nicht Leben, sondern Tod.

Wenn man sich das bewusst macht, wird etwas anderes ebenso deutlich: Durch zusammengebrochene oder abgeschaffte Ordnung erzeugte Verwirrung – sei es ein persönlicher Schicksalsschlag, eine Wirtschafts- und Finanzkrise, ein Staatsbankrott, eine Seuche oder ein anderes Ereignis – ist eines der wirkmächtigsten Mittel der Einflussnahme. Auf einen einzelnen Menschen ebenso wie auf eine ganze Gesellschaft.

Ob die Gefahr echt ist oder nicht, ist dabei unerheblich, solange die Betroffenen sich dadurch in der emotionalen Notlage des Nicht-Verstehens und der Unsicherheit gefangen sehen. Macht und Einfluss hat oder bekommt in einer solchen Situation derjenige, der die Menschen aus dieser existenziellen Unsicherheit hinausführt und eine glaubhafte Erklärung und Lösung – eine Art Er-lösung also – anbieten kann.

Wohin die Reise führt

Je größer die Angst und je höher der emotionale Einsatz der Menschen ist, umso fester werden sie sich an die dargebotene, womöglich Ordnung stiftende Erklärung klammern. Addiert man hierzu noch das Phänomen des Gruppendrucks, das tief sitzende Bedürfnis des Einzelnen nach Harmonie mit seinen Mitmenschen, dann wird schnell klar, wohin die Reise gehen kann.

Wo Erlösungssehnsucht auf solchen Gruppendruck trifft, wächst die Bereitschaft, sich unterzuordnen und sowohl die individuelle Urteilsfreiheit als auch die damit verbundene Verantwortlichkeit für das Linsengericht der Scheinsicherheit im Schatten des «Man» zu verschachern.

Ziel von Diktatoren und anderen Psychopathen war und ist es demnach immer, Verstehen zu verhindern. Unwichtiges wird groß gemacht, Wichtiges und Maßgebendes verschwiegen oder in inszenierten Scheindebatten niedergebrüllt und jede Gewissheit unter Bergen unwichtiger Emotionen, Zahlen und Werten erstickt. Regeln und Gesetze ändern sich im Tagestakt und werden in dieser Kurzlebigkeit immer absurder. Apokalyptische Zukunftsszenarien, Umdeutung oder Sinnentleerung von Worten (Sprachverwirrung), die Verkomplizierung und Verwissenschaftlichung banaler Zusammenhänge waren und sind dabei probate Mittel.

In einer solchen Wirklichkeit sind Skepsis und kritisches Interesse nicht länger Insignien freiheitlichen Zweifels, sondern werden zur Quelle von zusätzlicher Unsicherheit und deshalb zu Leugnung und zum Ausdruck von Anrüchigkeit und Gefährdung umgedeutet und mit allen Mitteln begrenzt.

Ein Gott der Ordnungen

Wer sich mit der Bibel befasst, wird gleich zu Beginn feststellen, dass der Gott der Bibel ein Gott der Ordnungen ist – und zwar innerster und äußerster Ordnungen – und dass Entgrenzung, Verwirrung, Wahn und Chaos die Konsequenzen sind, die sich einstellen, wenn der Mensch sich von diesen Ordnungen abwendet, sich davon abbringen lässt oder sie für ungültig erklärt.

Dem Text vorgreifend kann über das Versprechen der Bibel gesagt werden: Wo in den ewigen, unwandelbaren Ordnungen Gottes gelebt und gehandelt wird, kann solches Nicht-Gelingen und Scheitern am Leben und Zusammenleben, wie es weiter oben geschildert ist, nicht passieren (siehe etwa 1. Könige 2,3 und Psalm 119).

Kapitel 3:
Ordnung als Schutzfunktion und Leitplanke

Was können wir tun, um nicht in Unordnung und Verwirrung zu stürzen? Was sollen wir tun, damit es uns gut geht und wir lange leben?[12]

Ich denke, man kann sich darauf einigen, dass eine Ordnung im Sinn eines Destillats kodifizierter und integrierter Handlungsprinzipien nicht per se, sondern nur dann gut ist, wenn sie ein friedliches Zusammenleben der Menschen über einen möglichst langen Zeitraum gewährleistet.

Präziser: Eine Ordnung ist gut, wenn sie sicherstellt, dass Menschen zusammenleben und kooperieren können, ohne damit *erstens* anderen zu schaden und ohne *zweitens* von anderen daran gehindert zu werden. Sie verhindert nicht nur heute, sondern auch morgen, übermorgen und in zehn Jahren Leiden, Unterdrückung, Zwang, Gewalt und Krieg.

Kurz: *Eine gute Ordnung in diesem Sinn hat vor allem eine Schutzfunktion. Sie schützt den Menschen vor eigenem falschen Handeln und vor dem falschen Handeln anderer.* Dies nicht im Sinn einer Garantie, sondern im Sinn einer Leitplanke oder eines Fahrspur-Assistenten.

Tut sie dies nicht, dann ist es entweder keine Ordnung – oder aber eine schädliche.

Wem der Mensch gehört

Damit wird deutlich: Man kann nicht von einer Ordnung sprechen, sie nicht verstehen, ohne gleichzeitig nach dem Menschen als individuell und sozial handelndem Subjekt beziehungsweise nach dem Menschenbild zu fragen, auf dem sie aufbaut und das sie integriert und vertieft.

Oder anders gesagt: Um die Frage «Was sollen wir tun?» zu beantworten, muss zuerst die Frage danach gestellt werden, wer «wir» sind, was «tun» bedeutet und was es mit dem «Sollen» auf sich hat.

Wie wichtig diese Fragen nach dem Menschen und seinem Handeln sind, wird deutlich, wenn man sich klarmacht, dass die Antwort darauf nicht weniger als Auskunft darüber gibt, wem der Mensch gehorche und – in letzter Konsequenz – wem der Mensch gehöre: sich selber, wie der Humanismus es fordert, Gott, wie die Bibel es bezeugt, oder aber der Welt und weltlichen Mächten.[13]

Kapitel 4:
Wer oder was ist «der Mensch»?

Der *moderne* Personenbegriff

Der wissenschaftliche Konsens in dieser Frage lautet, der Mensch sei ein Produkt der Evolution. Das Resultat zufälliger organischer Entwicklungsprozesse also, an deren vorläufigem Ende die biologische Entität «Mensch» in ihrer heutigen Form stehe. Seiner Existenz ist außer jenem des eigenen Überlebens und dem von Art und Gattung kein höherer Sinn zugeordnet.

Auf dieser Basis sei das zum Besten des Einzelnen und der ganzen Gesellschaft zu kultivierende Menschenbild ein humanistisches: Die Person ist sich selber einziger Zweck und alleiniges Ziel – eine Art leeres Gefäss, das durch intellektuelle und ethische Bildung nur mit dem Richtigen gefüllt zu werden brauche, um im Sinn der Aufklärung das zu werden, wozu er, der Mensch, sich mache. Das Richtige aber sei die Fähigkeit und das Recht des Menschen, von seiner Vernunft «öffentlich Gebrauch zu machen»[14] und von Vormundschaft jeder Art frei zu sein. Glaubens- und Göttlichkeitssysteme zur Sinnstiftung seien ungeachtet der Tatsache ihrer Erbfracht und ihres Fundament-Charakters für unsere gesamte Zivilisation überflüssig, mehr noch: antiemanzipatorisch und eine Bremse bei der Verwirklichung des Selbst. Sie können wegradiert werden. Der Name Gottes im Humanismus ist «der Mensch».

«Ich-Herrschaft» – eine übermenschliche Aufgabe

Hier wird es nun sehr interessant. Die offenkundig als hoffnungslos unaufgeklärt geltende Formel vom «Sprung in den Glauben», die Kierkegaard[15] als Befreiungsschlag gegenüber ethischen und erkenntnisbezogenen Glaubensbegriffen verstanden haben wollte, wird durch den anweisungsartigen Ruf nach einem mindestens ebenso abenteuerlichen Sprung ersetzt: «Werde, der du bist!»[16]

Von Humanismus und Aufklärung werden wir gleichermaßen aufgefordert, kraft unserer Vernunft über den Abgrund der postulierten Leere und Sinnleere unserer Existenz zu springen, und ihr – der Sinnlosigkeit – von der anderen Seite her mit dem *Dennoch* der Selbstverwirklichung entgegenzutreten und zu trotzen.

Es ist die Aufforderung zu einer Ich-Herrschaft von einem Ausmaß, die – befreit man sie vom Pathos leeren Wage-es-weise-zu-sein!-Geplärrs – vor allem von einem spricht: von einer boden- und uferlosen Einsamkeit im Angesicht einer übermenschlichen Aufgabe.

Das Konzept des «leeren Gefässes»

Ähnlich, wie es nun Leute gibt, die sich aus den Büchern der Bibel gerade das herauspicken, was zu ihren momentanen Wünschen, Gefühlen und Lebensentwürfen zu passen scheint, geschieht es ab diesem Punkt auch mit dem, was «Humanismus» genannt wird. Aus den Konzepten humanistischer Ich-Giganten (Matussek), wie Nietzsche und Fichte es waren, kramt ein jeder sich gerade das heraus, was zu seiner Situation, zu seiner Botschaft oder zu seinem Ziel passt:

Einmal sind Selbstverwirklichung und Entfaltung Geschehen, die einem naturgesetzlichen Streben und Werden, einem quasi-automatischen Vorgang entsprechen; ein anderes Mal treten sie als erbarmungslose Imperative zur Selbstschöpfung an den Menschen heran: «Erschaffe dich selbst! Werde ein Ich!»

Dass sich diese beiden Konzepte diametral gegenüberstehen und nicht gleichzeitig zur Anwendung kommen können, wo die Person als autonome, in sich beruhende Ich-Größe gedacht wird, fällt dabei nicht ins Gewicht. Damit entpuppt sich aber die heutige Humanismus-Rhetorik bereits zu Beginn als bloßes Mittel zum Zweck für das worin man sich quer durch die Meinungsindustrie einig ist: das «Konzept des leeren Gefässes».

Der Mensch als solches, so der darauf basierende Konsens, ist von Natur aus ein Wesen von identitätsloser Leere, von tierhafter Unschuld und im Grunde jenseits der Verantwortung. Er ist weder gut noch böse, er ist einfach: zufällig und ausschließlich sich selbst gehörend.

Alles außerhalb seiner Person hat als Funktion dem Werden eines absoluten Ich dienstbar zu sein oder dienstbar gemacht zu werden. Darin – im Durchhalten dieses Ichs bis in den (selbstbestimmten) Tod hinein und unbehelligt von anderen oder den Umständen – besteht, so heißt es, die Würde des Einzelnen.

So weit meine persönliche Erkenntnis zu der Frage, wer der moderne, ausschließlich weltliche Mensch sei, der geistliche Konzepte zur Sinnstiftung nicht brauche, und wenn doch, sie kraft seiner Vernunft als Werkzeuge ebenso selbst erschaffe wie die eigene Identität. Wir sind, so heißt es, von Natur aus frei von Ideologie und Religion und bedürfen keiner Ordnung außer jener, die Recht und Gesetz bieten.

Praxistest

Wie sieht das in der Praxis aus? Findet dieser so beschriebene Mensch in der Wirklichkeit statt? Ist die sogenannt humanistische Kulisse, vor welcher der Großteil der aufgeklärten Gesellschaft sein Leben lebt, mehr als genau das? Mehr als Illusion? Mehr als bemalter Stoff, mehr als nette Deko und rhetorischer Unterbau behördlicher und medialer Kommunikation?

An dieser Stelle zuerst kurz einige Bemerkungen zum wissenschaftlichen Konsens über die Theorie unserer Entstehung durch zufällige Mutation:

Der Ausdruck «wissenschaftlicher Konsens» hat nichts Wissenschaftliches an sich. Er ist reine Fiktion. Er sagt nichts aus über den zur Diskussion stehenden Gegenstand, über die Theorie, ihre Stärke und ihre Prüfbarkeit, sondern lediglich und bestenfalls darüber, dass in Fachkreisen eine wie auch immer geartete Mehrheit existiert, die an sie glaubt. Er gibt also ausschließlich Auskunft über einen Grad an Zustimmung. Nicht mehr und nicht weniger.

Eine Theorie ist grundsätzlich dann und so lange gültig, bis sie widerlegt ist. Das ist auch die Aufgabe – die *einzige* Aufgabe – von Wissenschaft und gleichbedeutend mit wissenschaftlichem Fortschritt: die Veränderung und Verbesserung des Wissens von gestern im Heute.

Karl Popper findet dafür die folgenden Worte: «In jedem Stadium der Forschung (…) sei dir so klar wie möglich über die verschiedenen Theorien, an die du glaubst, und vergiss nicht, dass wir alle unbewusst an Theorien glauben oder ohne Weiteres von ihnen ausgehen, obwohl die meisten von ihnen fast mit Sicherheit falsch sind. (…) Immer, wenn dir eine Theorie als die einzig mögliche erscheint, nimm das als Zeichen, dass du weder die Theorie noch das zu lösende Problem verstanden hast.»[17]

Negativ ausgedrückt heißt das: Wo Wissenschaft nicht Unsicherheit und die Suche nach Fehlern im aktuellen Wissen bedeutet, wo sie in die Ruhelage einer ewigen Wahrheit versetzt wird, ist es nicht mehr Wissenschaft, sondern Dogma.

Dass genau dies auf die Darwin'sche Theorie über die Entstehung der Arten zutrifft, hat der Informatiker David Gelernter – weder religiös Glaubender noch Kreationist – erfahren, als er in den Fußspuren des Agnostikers Popper, der die Entstehung der Arten durch zufällige Mutationen als mathematische Unmöglichkeit ablehnte[18], ein Buch publizierte, welches das Potenzial hat, die geltenden Erklärungen über den Haufen zu werfen. Bereits im Vorfeld der Publikation wurde er von Kollegen und Freunden davor gewarnt, diesen Schritt zu tun. Er käme dem Selbstausschluss aus der wissenschaftlichen Gemeinde gleich.

Und sie lagen richtig, die Warner: Bestenfalls wurde das Buch von Kollegen ignoriert. Wenn nicht, dann waren die Reaktionen hochemotional bis hasserfüllt. Er war auf einen Schlag nicht länger bloß ein Wissenschaftler, der eine Theorie kritisierte und zu widerlegen versuchte, sondern ein Leugner und Lästerer der einzig wahren Lehre. Solches aber hat mit Wissenschaft nicht das Geringste zu tun.

Wenn also bei irgendeinem Thema von «wissenschaftlichem Konsens» die Rede ist, dann handelt es sich dabei mit großer Wahrscheinlichkeit um einen Mix. Einen Mix aus Mehrheitsglauben, politischer und anderweitig interessengebundener Programmatik und Zeitgeist.

Das wiederum bedeutet viererlei: *Erstens*, dass solche Wissenschaft nicht bescheidene Bereitstellerin vorläufigen Wissens, sondern Partei ist. *Zweitens*, dass es zu der zur Debatte stehenden Theorie Gegenstimmen gibt. *Drittens*, dass diese Gegenstimmen in der Wissenschaft selbst, aber auch in der Meinungsindustrie kein Gehör finden. *Viertens* schließlich, dass ein ganz bestimmter Sachverhalt als exklusiv und abschließend wahr transportiert werden soll.

Es besteht also durchaus die Möglichkeit, dass es sich bei der Frage nach der Entstehung des Menschen ebenfalls um einen solchen Mix handelt. Und dass die Annahme, menschliches Leben sei zufällig und damit frei von höherem Sinn, sich nicht wissenschaftlicher Erkenntnis verdankt, sondern schlicht einer Weltanschauung.

Widersprüchlichkeiten

Sind also Politik, Bildung, Wirtschaft, Wissenschaft, Zivilgesellschaft, Kultur, Religion, kurz: sind die verschiedenen Lebensbereiche unserer Gesellschaft in der heute beobachtbaren Praxis wirklich gleichberechtigt neutral und ausschließlich darauf ausgerichtet, die Verwirklichung des Menschen zu fördern, wie es der Humanismus fordert?

Oder anders gefragt: Sind sie als Lebensbereiche autonom in dem Sinn, dass sie sich auf die ihnen innewohnende Eigengesetzlichkeit beschränken und konzentrieren, dass sie einander nicht dreinreden, und dass sie auf diese Weise dem sich selbst erschaffenden Menschen als Funktionen und als Foren des Handelns dienlich sind?

Auf den ersten Blick: Ja. Der Ruf nach dem Sprung in die geläuterte Vernunft der Selbstsetzung hinein – «Werde, was du bist! Neu, einmalig, unvergleichbar. Dir selbst Gesetzgebender, Dich selber Erschaffender.»[19] –, er erschallt durch Schulen, Universitäten, Redaktionsräume, Fraktionszimmer, Kulturbetriebe, Medien etc. gleichermaßen.

Alle sind sie, so scheint es, demselben Bekenntnis verpflichtet. Jenem, wonach der Mensch in seinem Kern nicht nur «leeres Gefäss» und damit unschuldig, frei von Verantwortung und zufällig, sondern im Sinn der Gender-«Wissenschaft» auch geschlechtlich identitätslos und aufgefordert sei, sich frei von beschränkenden und damit potenziell unterdrückenden natürlichen und/oder gesellschaftlichen Strukturen zu definieren und zu benennen. Eine geschichtliche, genetische, geistige, soziale oder materielle Mitgift, die diesen Prozess angeblich bremst, behindert oder stört, gehört beseitigt oder wird, wo dies nicht möglich ist, ignoriert.

Die Ungereimtheit, besser: die nahezu völlige Widersprüchlichkeit der Praxis zur Theorie, springt schon hier ins Auge:

1. Wo bereits ab Kleinkindalter etwas korrigiert, beseitigt oder ignoriert werden muss, ist nicht nichts. Der von Natur aus «leere» Mensch ist Fiktion.
2. Wo etwas ist, von dem der Mensch befreit werden muss, um «leer» zu werden, kann dieses Etwas nicht das «Richtige», sondern nur das «Falsche» sein.
3. Wenn im natürlichen Menschen das «Falsche» angelegt ist, zerfällt das Bild von seiner tierhaften Unschuld, und die Prämisse, dass er in diesem Sinn gut sei, ist auch falsch.
4. Ein Gefäss leert sich nicht von allein. Der Umstand, dass «leer» gleichgesetzt wird mit «frei» und entsprechend der Akt des Entleerens mit Befreiung, ändert nichts daran, dass der Vorgang eines «Entleerers» beziehungsweise «Befreiers» bedarf.
5. Damit zerfällt auch das behauptete Ideal von den autonomen, gleichberechtigten und voneinander unbehelligten Lebensbereichen im Dienst des Menschen. Denn es bedeutet, dass zumindest *ein* Bereich zum «Befreier» berufen ist und also Anspruch auf die Autorität der Definition von Richtig und Falsch und des Erziehens erhebt. Er ist nicht mehr ein Lebensbereich

von vielen im Dienst des zur Selbstverwirklichung berufenen Menschen, sondern schwingt sich zu einer alles durchdringenden, lenkenden und regulierenden Position auf. Heute sind das der Staat und sämtliche durch Subventionierung oder Regulierung mit ihm verbundenen oder von ihm abhängigen Bereiche. Bis auf Teile der Wirtschaft also fast alle.

6. Wo dies stattfindet, wo der Fokus eines sich zur Norm aufschwingenden Lebensbereichs nicht mehr auf der Bereitstellung von Mitteln liegt, sondern auf einer Art von höchstem und zum Sinn transzendierten Zweck, und wo dieser nicht auf sichtbaren Tatsachen, sondern bloß auf einer Theorie fußt, da muss früher oder später eine exklusive Moral Einzug halten, um angebliches und angemaßtes Wissen und damit verbundene Macht zu legitimieren. Wo aber die Moral triumphiert, geschehen sehr hässliche Dinge.[20] Kriterien wie «gut» und «böse» der als überholt geltenden Moral bleiben wie eine abgelegte Haut zurück, der sich eine neue Moral entwindet. Der Ruf zum «Werde, wer du bist!», der im Humanismus als Möglichkeit an den Menschen herantritt, wird zum obrigkeitlichen Diktat.

7. Das Durchhalten dieses Prozesses läuft – die Geschichte steht Zeuge – auf den Tugendterror eines Weltanschauungsstaats und damit auf Totalitarismus hinaus. Auch heute wieder.

Womöglich zu krass formuliert?

Ist das jetzt nicht viel zu drastisch ausgedrückt? Geht es nicht auch eine Nummer kleiner?

Nein.

Denn auch wenn all das mittels Kommunikation sowie mittels finanzieller und sozialer Anreize sehr sanft und subtil im Sinn des nobelpreisgekrönten «Nudgings»[21] [Schupsen, Anstoßen] vonstattengeht – neu ist es nicht. Im Gegenteil: Es ist ein bekanntes Programm. Besser: ein dutzendfach drastisch gescheitertes Programm, in dessen Rahmen nicht nur jeder Lebensbereich, sondern der Mensch selbst der Steuerung durch eine obrigkeitliche Instanz unterworfen wird, die sich nicht mehr als *ein* Wächter, Dienstleister und Mittelbereitsteller neben anderen gebärdet, sondern als *absolute Norm.*

Der Mensch lebt dann nicht mehr als sich selbst gehörend in der Welt als Forum sich ihm bietender Handlungsoptionen, sondern in einem Unterordnungsverhältnis in einer vom Staat durchregulierten und gebändigten Welt.

Die Mär vom sich selbst gehorchenden und gehörenden Menschen ist also genau das: eine Mär.

Wenn Totalitarismus aber dadurch gekennzeichnet ist, dass Mensch und Welt gleichermaßen im Sinn einer Idee und der ihr zugeordneten exklusiven Moral geformt werden sollen, dass zu diesem Zweck eine nicht durch Kompetenz, sondern ausschließlich durch Macht legitimierte und privilegierte Gruppe von Menschen in sämtliche Lebensbereiche hineinzuregieren befugt ist und bei Abweichung belohnend und strafend eingreifen kann, dann haben wir es heute sehr wohl mit genau diesem Phänomen zu tun:

Die Wirtschaft ist via Regulierung und Subventionierung und hinter der Fassade des Noch-Privateigentums zu einem guten Teil schon Planwirtschaft, der Kunstbetrieb einem postulierten Gemeinsinn verpflichtet. Ähnliches gilt zunehmend für Bildung, Wissenschaft, Medien, Kirchen und Versorgung. Der Weg, der bis zum Erreichen des «quasitotalen Allmutterstaats» (Peter Sloterdijk) noch zurückzulegen bleibt, ist um ein Vielfaches kürzer als jener, den man während der letzten fünfzig Jahre bereits hinter sich gebracht hat.

Der seines Erbes entledigte Mensch

Wer nun meint, das sei zwar bedauerlich, aber die Geschichte zeige, dass solches ja nicht das Ende der Welt, sondern bloß die Phase eines Zyklus' sei, die – meist aufgrund der sich durchsetzenden Eigengesetzlichkeit des Ökonomischen, also durch Mangel an Kapital und Gütern – auf natürliche Weise zu einem Ende gelangen würde, der blendet den kulturellen und geschichtlichen «Entleerungsprozess» aus, dem man sich von Seiten der Meinungsindustrie verschrieben hat. Er war und ist auf eindrückliche Weise erfolgreich.

Heute, an seinem vorläufigen Höhepunkt, steht ein zu weiten Teilen seines als chauvinistisch, rassistisch, sexistisch, kolonialistisch und grundsätzlich diskriminierend geltenden geschichtlichen und kulturellen Erbes entledigter Mensch. Seine größte Kompetenz scheint das Funktionieren, das Konsumieren und das permanente Sich-Vermarkten als Nicht-Wissender, Nicht-Verwurzelter, Nicht-Aneckender, Nicht-Diskriminierender, Nicht-Verletzender und Nicht-Urteilender zu sein. Er füllt die Form, in welche er hineinerzogen wird, während er glaubt, ganz er selbst, Unikat und mit Ecken und Kanten vollkommen frei zu sein, passgenau aus – und darin erschöpft sich schon seine geistige und seelische Leistung.

Wie die Laborratte, die einer anderen Ratte erklärt, sie habe den Versuchsleiter so trainiert, dass er ihr jedes Mal Futter gebe, wenn sie an diesem Hebel ziehe, ist der exzessiv entbundene und zufällige Mensch im Umgang mit dem Außen in erster Linie darin ausgebildet, die richtigen Hebel zu drücken. Toleranz, Offenheit, Diversität, Vielfalt, Multikulturalismus, soziale Gerechtigkeit, Anti-Diskriminierung – er bedient sie alle und ist offenbar bereit zu glauben, dies sei Ausdruck seiner Aufgeklärtheit und seines individuellen Willens.

Die Welt als Quelle von Empfindungen

Dies alles wird möglich durch einen kaum merklichen, aber umso radikaleren Perspektivenwechsel, die gleich *doppelte* Veränderung der Blickrichtung des Einzelnen: zuerst dadurch, dass er, der Aufforderung des Humanismus folgend, nicht in erster Linie die Welt, sondern ausschließlich sich selber ins Auge fasst; dann dadurch, dass er dieses «sich selber» nicht auf die Grundlage einer physischen, psychischen und geistigen Ganzheit, sondern exklusiv und wie der Zeitgeist es fordert unter das Primat des Fühlens stellt.

Damit macht der Einzelne sein psychisches Empfinden zum exklusiven Maßstab bei der Beurteilung und Einordnung der ihn umgebenden Wirklichkeit. Weil er gemäß der humanistischen Theorie aber unschuldig, neutral und damit gut ist, wird alles Nicht-Gute, das Böse also, im Außerhalb zu suchen sein.

Was folgt daraus?

Es liegt in der Natur eines solch inneren Maßstabs, dass er nicht auf Tatsachen, sondern ausschließlich auf emotionalem Erleben und psychologischem Erfahren beruht. Das Außen wird nicht länger danach beurteilt, was es ist und was es an den Menschen heranträgt, sondern danach, was es in ihm auslöst. Löst es gute Gefühle aus, ist es gut. Löst es schlechte Gefühle aus, ist es nicht gut beziehungsweise böse oder verletzend.

Die Welt ist also nicht mehr ein Ort zu entdeckender Objekte und das Forum möglichen Handelns, in das der Mensch neugierig, staunend, nach dem Du fragend, überwindend und verändernd eintreten und hineinwirken kann, sondern ausschließlich eine Quelle von Empfindungen.

Ein Drogensüchtiger auf den Straßen von Bern sagte vor Jahren einmal zu mir, es gäbe nichts Egoistischeres als Süchtige und

Depressive – die würden sich selbst nie los. Die Bedeutung dieser Aussage wurde mir erst bewusst, als ich begriff, dass das, was dem Menschen heute in fast jedem Bereich anerzogen wird, genau dem entspricht: der pathologischen Bindung an sein Innenleben und damit die Einebnung seines unvergleichlich komplexen Ichs mit seinen Potenzialen zu einem affekt- und triebdominierten Wesen.

Immer nur Betroffener, aber nie Urheber?

Es bedeutet aber auch das Folgende: Wenn man unter Wahrheit im Sinn Poppers[22] die Übereinstimmung mit den Tatsachen versteht, dann entspricht der moderne Personenbegriff nicht der Wahrheit, wenn er das «Böse» im Außerhalb des Menschen fixiert. Tatsache ist zuallererst, dass der Mensch – obwohl Individuum – Teil der Gesamtheit der Menschheit ist, die im Lauf der Geschichte eindrücklich belegt hat, dass sie nicht nur zum «Bösen», sondern zum «absolut Bösen» gegen sich selbst, gegen andere und gegen die Welt an sich in der Lage ist.

Wenn der Zeitgeist das Böse vor diesem Hintergrund ausschließlich im Außen der Umstände und in «falscher» Bildung sucht und den inneren Menschen nur als Betroffenen und nie als Urheber sieht, dann nimmt er ihn nicht nur aus jeder potenziellen Schuld und damit Verantwortung heraus, sondern unterzeichnet damit auch sein Ausgeliefert-Sein an eben dieses Außerhalb – er befreit ihn zur Opferschaft, während er ihm Täterschaft, Verantwortung und Schuld nur dort zuspricht, wo diese mitsamt ihren Konsequenzen entweder weit in der Vergangenheit liegen und sich moralischen Handlungsoptionen entziehen – oder aber bloß eine von mehreren Möglichkeiten der Zukunft darstellen und rein hypothetischer Natur sind.

Es ist mit anderen Worten eine Flucht weg vom Ich, vom Täglichen und Tatsächlichen ins Große, ins Unerreichbare und Nicht-Belangbare. Schuld am Klimawandel sind für jene, die an seine Menschengemachtheit glauben, zum großen Teil nicht die Milliarden täglicher und individueller Handlungen, sondern ausschließlich der Lebensstil unserer Eltern, Großeltern und ansonsten der «Anderen». Schuld an den Totalitarismen und Massenpsychosen der Vergangenheit sind ausschließlich die Menschen von damals. *Ich* trage keine Verantwortung. Auch nicht jene, dass es eben gerade Menschen waren wie ich – und ich als einer von ihnen in die Verantwortung dafür gerufen bin, scharf im Auge zu behalten, was offenbar als Potenzial im Menschen und also heute auch in mir schlummert.

Schuld an der finanziellen de-facto-Enteignung von Sparern und künftigen Generationen sind nicht wir mit unseren Forderungen nach Voll- und Rundumversorgung und immer höheren Ansprüchen in Bezug auf «kostenlose staatliche Leistungen» und der daraus resultierenden Verschuldung, Geldmengen-Ausweitung und Geldentwertung, sondern wahlweise der Kolonialismus, der zu Ungleichheit geführt hat, oder der Kapitalismus und das Patriarchat, die heute zu Ungerechtigkeit führen.

Anthropologische Konstante außer kraft

Diese Sicht auf die Welt und unsere Rolle in ihr bedeutet zweierlei: *Erstens* die Außerkraftsetzung einer über Jahrtausende gültigen anthropologischen Konstante. Jener Konstante, die da lautet, dass es in der Verantwortung des Menschen liege, aus der Vergangenheit zu lernen, um es im Heute für die Zukunft besser zu machen.

Heute wird zwar gerne und bei jeder Gelegenheit mit dem Finger hinter sich zeigend ein bedeutungsschweres «Nie wieder!» platziert. Bei näherer Betrachtung ist es aber nicht mehr als der Ausdruck eines Widerspruchs, in dem man sich bequem einrichtet: dass wir uns nämlich für die Fehler jener Generationen vor uns für vollkommen unzuständig erklären, während wir ideell und materiell auf Kosten der nächsten Generationen leben und das Ganze auch noch unter Vorsorge für eine gerechte, gesunde und heile Zukunft verbuchen.

Zweitens bedeutet es die Aufhebung der Ordnung, die zwischen Mensch und Tier unterscheidet: Wo die Dualität «Handeln & Verantwortung» des Einzelnen durch das Hinzufügen eines «Dritten», nämlich des «Schuldigen», aufgehoben wird, da schafft sich der Mensch selber ab. Der «Ort», an dem er handelnd, gestaltend und Verantwortung tragend in die Zukunft hineinwirken könnte, die Gegenwart, wird zur bloßen Plattform des Auslebens von «Reiz & Reaktion»-Mustern.

Emanzipation in den Opferstatus

Zusammenfassend kann man sagen: Die Selbstergreifung, zu der das humanistische Konzept den Menschen voll verantwortlich berufen und befähigt sieht, entspricht heute und in der Praxis nicht jener der Theorie. Vielmehr ist daraus eine an die Gegenwart und die eigenen Triebe gekettete und auf das Konsumieren des Jetzt-Vorhandenen konzentrierte Haustier-Existenz geworden. Die Freiwilligkeit ist dabei eine Freiwilligkeit der Nicht-Zuständigkeit, des Ignorierens und der herbeigeredeten Alternativlosigkeit. Und die Freiheit ist eine Freiheit krankhafter Introspektion und Ich-Gebundenheit.

Was Selbstermächtigung genannt wird, ist Entmächtigung. Die Revolution des Selbst ist seine Reduktion. Die Verwirklichung ist Verkümmerung.

Dieser Mensch ist nicht ein im Wissen um sein «Woher» verankerter Handelnder. Nicht ein über sein «Wohin» und «Wozu» entscheidender Gestalter, Erschaffer, Veränderer, Verbesserer und Verantwortung Tragender, sondern im permanenten Ich-Abgleich dem Außen Ausgelieferter und damit optimal Handhabbarer.

Die Emanzipation, die hier im Zusammenspiel von Entleerung und Perspektivenwechsel stattgefunden hat und stattfindet, ist eine Emanzipation in den Opferstatus und die Hineinverbiegung des Individuums in die Rolle einer perfekt gestalteten Schnittstelle zwischen den moral-, sinn- und lebenssichernden (staatlichen) Instanzen und dem Rest der Welt.

Das ist nicht etwa ein neues Phänomen. Der Mensch ist ein Opportunist. Es liegt in seiner Natur, optimalen Ertrag bei minimalem Aufwand zu erzielen. Das Bedürfnis, «es sich leichter zu machen», ist der Motor eines großen Teils des technischen Fortschritts und damit etwas Gutes.

Auf Feindbilder angewiesen

Katastrophal ist es hingegen, wenn der Mensch sein Menschsein und Freisein als zu schwer empfindet und es sich in puncto Verantwortung und Schuld leichter machen will. Zum einen, wie wir gesehen haben, weil er sich selbst als Mensch «halbiert» und sich auf eine Stufe mit seinen tierischen Mitgeschöpfen begibt. Zum anderen, weil in diesem Bedürfnis des «von sich Wegdeutens und Ablenkens» das ganze Rüstzeug aller Demagogen der Welt enthalten ist. Wer überzeugend und laut genug «Der da ist's!» zu rufen vermag – egal, ob es sich dabei um «den Russen», «den Juden», «den Markt», «den alten weißen Mann» oder den «Ungeimpften» handelt –, hat den Gegenwartsmüden und den unter seiner Verantwortung Leidenden in der Hand.

Machtmenschen aller Zeiten sind auf Feindbilder angewiesen. Das ist heute nicht anders als vor hundert oder vor tausend Jahren. Würde der Mensch jederzeit voll in die Verantwortung stehen für sein Tun, Unterlassen und Dulden, gäbe es keine Tyrannei. Weder die Tyrannei von Behörden. Noch von Autokraten. Noch von Mehrheiten. Dass er das nicht tut und den Verführungen jener auf den Leim geht, die von sich behaupten, die Last der Verantwortung an seiner Stelle zu tragen (Politiker, Wissenschaftler, Ökonomen, Volksvertreter), scheint eine weitere anthropologische Konstante zu sein. Der russische Mathematiker Igor Schafarewitsch nannte das Phänomen in seinem gleichnamigen Buch den «Todestrieb in der Geschichte».

Von Rationalität keine Spur

Könnte man nun aber wenigstens sagen, dass dieser neue Mensch zwar noch nicht dem humanistischen Ideal entspreche, aber immerhin in dem Sinn in die richtige Richtung fortgeschritten sei, dass er heute als «Entleerter» und damit Unbelasteter streng logisch und rational denke und handle und nicht mehr anfällig sei für irrationale Glaubens- und Göttlichkeitssysteme zur Sinnstiftung?

Ein Blick auf die Aktualität sagt: Nein. Von Rationalität weit und breit keine Spur. Wie auch, wo Herz und Maß der Dinge nicht in erster Linie Tatsachen, sondern ausschließlich Moral und Emotionen sind?

Das Gegenteil ist der Fall: Die neue Leere und das faktische Ausgeliefertsein des Einzelnen an ein Außen, in dem sowohl andere Menschen als auch die Umwelt selbst logischerweise immer auch Gefahrenquelle und Täter sein können, sind fruchtbarer Boden für einen neuen Klerikalismus, der Sicherheit und Schutz verspricht.

Sogenannt zivilgesellschaftliche Organisationen sind im Kern nicht Bürger-Organisationen, sondern Sekten und Heiligungsbewegungen. Der oft von oben initiierte, hoch professionell organisierte Nervenkitzel, das mal endzeitlich, mal klassenkämpferisch gehaltene Vokabular und die gewaltbereite Hysterie ihrer Aktivitäten stehen eindrücklich als Zeugen dafür ein und spielen sich nicht nur unter den Augen einer von der obrigkeitlich diktierten Moral in Pflicht genommenen Justiz ab, sondern auch mit breiter Billigung des Großteils der Menschen und der gesamten Meinungsindustrie. Nicht selten werden sie von dieser in jeder erdenklichen Weise gefördert.

Das Einzige, was vom hehren Plan echter Emanzipation Wirklichkeit geworden zu sein scheint, ist die Parole, wonach der Name Gottes *der Mensch* laute. Allerdings nicht so, wie die humanistische Theorie dies propagiert und wie es heute der guten Gefühle halber nach wie vor behauptet wird. Aber immerhin so, dass eine kleine Elite sich zu Göttern erhoben und entsprechend gottgleich mit Welt und Menschen hantiert, als wär's ein Sandkasten.

Der *biblische* Personenbegriff

Aufgrund der Tatsache, dass die Bibel, um deren Gehalt es geht, Wort Gottes ist, müsste hier zuerst die Frage nach Gott stehen. Wer ist Gott? Wer ist der Eine, an den wir glauben? Wer ist der, dessen Existenz wir leugnen?

Die Bibel gebietet dieser Logik aber sofort Einhalt, indem sie solches Fragen in die Kategorie des Menschlichen verweist.[23] Menschliche Logik ist an die Bereiche des Menschlichen gebunden. An das Gefüge von Raum und Zeit, an menschliches Erfahren und menschliche Erkenntnis. Aus dieser Perspektive die

Frage nach Gott zu stellen, hieße, ihn in dieses Koordinatensystem einordnen und ihn mit für *uns* erfassbaren Seins-Eigenschaften zu einem Teil *unserer* Bezugswelt machen zu wollen.

Dies aber ist gerade die Schlinge, vor der die Bibel warnt und bewahrt: die Vergötzung Gottes durch seine Vermenschlichung und damit im Umkehrschluss die Vergottung des Menschen. Kurz: das Überschreiten der heiligen Grenze zwischen Gottebenbildlichkeit und Gottebenbürtigkeit, dort, wo die Bibel Geschöpf und Schöpfer, Zeit und Ewigkeit kompromisslos auseinanderhält und vom Menschen auseinandergehalten wissen will.

Tatsache ist: Die Bibel lässt uns Gott nicht *an* seinen Seins-Eigenschaften, sondern ausschließlich *durch* seine «Außenschaften» (Thielicke) erkennen. Durch die Schöpfung, durch die Schrift und durch sein Tun beziehungsweise durch die Dualität der geschichtlichen und heilsgeschichtlichen Wirksamkeit dieses Tuns. Der Gott, der uns vor Augen gestellt ist, ist für den Menschen an keiner Stelle inhaltliches Potenzial, sondern stets nur als eine Beziehungsgröße erfahrbar.

Anders gesagt: Suchen wir «Gott an sich», dann finden wir den Götzen: den Gott, der nach unserem Bild geschaffen ist und damit den Repräsentanten unserer selbst.

Gott ist aber nie Teil der Schöpfungsordnung, sondern *der Schöpfer aller Ordnung*. Wir sollen Gott nicht suchen, sondern ihn wiedererkennen. Nachdenken über Gott kann deshalb immer nur ein Nachdenken über Gottes Taten sein, wie Psalmisten, Propheten und Glaubende es zu allen Zeiten taten.

Um der Falle der Selbstanbetung zu entgehen – und sei es in ihrer sublimsten Form der Weichzeichnung des Liebens und Wollens Gottes zum weltanschaulichen Prinzip –, beschränke ich mich hier auf das Folgende: Der Gott, der uns in der Bibel, die stets als Geschichte und Heilsgeschichte verstanden werden will, begegnet, ist auf jeder Seite ihrer 66 Bücher derselbe Gott:

Schöpfer, Erhalter und Vollbringer all dessen, was ist[24], und damit die Quelle aller Wahrheit. Der Gott, der vom Berg Sinai herunter spricht: «Du sollst»[25], ist derselbe Gott, der uns am Kreuz begegnet; der richtende Gott und der rechtfertigende Gott, der jeden Einzelnen bei seinem Namen ruft[26].

Radikal-Opposition zum heutigen Menschenbild

Damit aber ist uns bereits ein deutlicher Hinweis auf den Kern des biblischen Personenbegriffs gegeben, und man stellt sofort fest: Er steht in radikaler Opposition zum Menschenbild von heute. Der Mensch der Bibel ist kein zufällig «ins Nichts Geworfener», sondern ein in jedem Fall Gewollter, Gerufener und Geliebter. Er ist nicht identitätslos in sich ruhendes und zur Selbsterschaffung auf sich selbst und sein Inneres gerichtetes «Ich», sondern persönlich in seiner Identität angesprochen und damit auf ein Außerhalb, auf das «Du» Gottes hin, erschaffen und bezogen.

Genauso wenig, wie die Bibel also Auskunft gibt über Gott «an sich», existiert im biblischen Denken der Mensch «an sich» als losgelöstes Ich. Es gibt ihn im Moment seiner Erschaffung, in seinem Gefallen-Sein und in der Rechtfertigung nur als Existenz *in Bezug auf Gott*. In diesem «Vor Gott gestellt sein» und diesem «Erkannt und gesehen sein vor Gott» findet sein Leben statt. Entweder gebunden an die Welt, ihre Mächte und seine eigenen Triebe – oder befreit davon an Gott gebunden.

Ganz egal, was ein Mensch also in seinem Leben tut und was ihm widerfährt – sein Existieren in der Welt ist und bleibt zu jedem Zeitpunkt ein *Existieren vor Gott*. Entweder im Glauben oder im Unglauben. Entweder im glaubenden «sich zur Verfügung stellen» oder im nichtglaubenden «abgewandt bleiben» und «von der Welt in Anspruch genommen werden». Entweder im persönlichen Ich-Du-Verhältnis zum Schöpfer – oder im Ich-Es-Verhältnis zur Schöpfung.

Diese Definition des menschlichen In-der-Welt-Seins durch seine entweder positive oder negative Bezogenheit auf Gott ist biblisch gesehen unter keinen Umständen aufhebbar und hat ihren Grund, wie wir weiter oben gesehen haben, darin, dass auch Gott (für uns) nur durch seine Beziehung zum Menschen definierbar sein will.

Keine weiße Leinwand, kein neutraler Unterbau

Damit erteilt die Bibel der Lehre vom Menschen als einem leeren Gefäss eine deutliche Absage. Er ist zu keinem Zeitpunkt eine weiße Leinwand, auf der als einem neutralen Unterbau von natürlichen Eigenschaften der Gattung «Mensch» bei Null aufgebaut und geschmiedet werden könnte.

Dass der Mensch der Schöpfungsgeschichte nicht nur in eine unauflösbare und unmittelbare Beziehung zu Gott gesetzt, sondern auch nach dessen Bild[27] geschaffen ist, worin seine Würde begründet liegt, verdeutlicht dies noch.

Aber auch hier ist uns eine Überinterpretation, wonach die Gottebenbildlichkeit etwas dem Menschen Innewohnendes, Eigenes im Sinn einer natürlichen Eigenschaft, einer Tugend, einer Qualität oder gar einer Leistung sei, verwehrt. Auch die Ebenbildlichkeit lässt sich nur als eine Zuordnung, als ein Relationsbegriff verstehen.

Der Mensch als einzige von Gott im Schöpfungsgeschehen persönlich angesprochene, zum Dialog aufgeforderte Kreatur erhält zum einen mit dem Einhauchen des göttlichen Odems Teil an Gott selber und wird zum anderen als Angesprochener in die Herrschaft über und damit in die Verantwortung für seine Mitgeschöpfe gesetzt. Seine Gottebenbildlichkeit ist daher im

Grunde nur als das Vorrecht einer zweifach aufgegebenen Ausrichtung zu verstehen: einmal im Gehorsam auf seinen Schöpfer und einmal in Verantwortung seiner Handlungen in Bezug auf seine Mitgeschöpfe. Sie ist sowohl ein Indikativ als auch ein Imperativ – eine Gabe und eine Aufgabe[28].

Im Gegensatz zu seinen Mitgeschöpfen empfängt der Mensch sich bewusst aus der Hand dessen, dem er sich und alles Eigene verdankt, und ist berufen, es in der Gemeinschaft mit Gott zu leben. Die Gottebenbildlichkeit bezieht sich also nicht auf Eigenschaften wie zum Beispiel Vernunft, freier Wille, Gewissen oder die Art des Erschaffens von Dingen und Konzepten, wie Jordan Peterson[29] es interpretiert; sie ist nicht ein Wesensbestandteil der Natur des Menschen, eine Gegebenheit im Sinn einer Fähigkeit, Qualität, Tugend oder eines Verdiensts, in dem und mit dem er sein Leben einrichten und gestalten könnte. Seine Gottebenbildlichkeit ist das Gott persönlich Gegenübergestellt-Sein in der Wechselbeziehung von Gabe und Aufgabe, von Anspruch und Zuspruch, von Verantwortung und Glaube.

Eine andere psychologische oder physiologische Befrachtung des Ebenbildbegriffs gibt die Bibel nicht her. «Die Person ist das Angeredetwerden durch Gott.»[30]

Die Qualität der Beziehung ändert sich

Damit wird aber auch deutlich, dass der Sündenfall des Schöpfungsmenschen nicht als ein Fallen vom Göttlichen ins Menschliche, als eine Art quantitativer Verlust, als Abzug gewisser Eigenschaften vom urbildlichen Menschen verstanden werden kann, sondern nur als sein freiwilliges Heraustreten aus der Schöpfungsordnung von Gehorsam und Verantwortung und damit als ein Herausfallen aus der Unmittelbarkeit seiner Beziehung zu Gott.

Es ist das bewusste und radikale Sich-Abwenden von Gott, um sich selber Gott zu sein.

An dem unauflösbaren Bezogen-Sein des Menschen auf Gott, an seinem In-Verantwortung-Stehen – kurz: an seiner Gottebenbildlichkeit und damit seiner Würde – ändert der Sündenfall also nichts.

Was sich ändert, ist die Qualität der Beziehung Mensch-Gott. Das heißt, dass auch der gefallene Mensch, an den das biblische Zeugnis, die biblische Offenbarung gerichtet ist, seiner Ebenbildlichkeit und seiner Würde nicht verlustig gehen kann. Weder durch seine Art zu leben, noch durch seine Art zu sterben. Sie hängen nicht von ihm, sondern allein von Gottes Schöpfungswillen ab. Es sind eben nicht Eigen-schaften, sondern Außen-schaften. Begrifflichkeiten wie etwa jene des «unwürdigen Lebens» oder des «unwürdigen Sterbens» sind im Sinne der Bibel nicht möglich und nicht denkbar.

Während der Jahre, in denen ich über dieses Thema nachgedacht habe, bin ich nicht nur immer wieder darin bestätigt worden, dass alles, was ich über die Welt und die Menschen gelesen, gehört und erfahren habe, in den Büchern der Bibel zu finden ist, sondern auch zu der Meinung gelangt, dass sich ein großer Teil des geschichtlichen und heilsgeschichtlichen Gehalts der Bibel im Gleichnis Jesu vom verlorenen Sohn[31] wiederfindet. Auch und gerade darin, dass Gottebenbildlichkeit und Würde des Menschen nicht mit bestimmten ihm naturhaft innewohnenden Eigenschaften gleichzusetzen ist.

Weil der Vater dem Sohn die Würde nicht abspricht

Auch der verlorene Sohn, der vom Vater sein Erbe verlangt, fällt mit diesem Tun nicht aus seiner unauflöslichen Sohnschaft hinaus, sondern verändert seine Beziehung zum Vater, indem er sich abwendet. Er will nicht mehr Sohn sein in der Ordnung des Vaterhauses, sondern im Außerhalb sich selber finden und sich selber leben.

Der Moment, in dem er sich später nicht selbst, sondern in äußerster Verlassenheit und Verkommenheit an den Schweinetrögen der Fremde wiederfindet, macht deutlich und macht auch ihm klar: Absolut nichts Eigenes mehr, keine Qualitäten oder Eigenschaften oder gar Verdienste, können ihn von da zurück in den Stand der Sohnschaft bringen. Nichts kann nach dem Frevel, sein Erbteil entgegen allen tradierten Werten in der Fremde und unter Heiden verprasst zu haben, genügen, um die Beziehung zum Vater zu kitten. Allein die Möglichkeit, dass der Vater nicht aufgehört hat, ihn als seinen Sohn zu betrachten, und ihm auch im größten Schmutz seine Würde nicht abspricht, kann das Verhältnis wieder verändern.

Kurz und frei nach Helmut Thielicke: Der Mensch ist nicht etwas Besonderes mit einer besonderen Würde, weil er nach Gott fragt; er ist etwas Besonderes, weil Gott nach ihm fragt.

Etwas ganz anderes wird damit aber gleichfalls klar: Sünde ist die Abkehr des Menschen von Gott und die Einwendung zum eigenen Wünschen und Wollen. Dafür ist der Mensch voll verantwortlich. Folglich kann das Böse im biblischen Sinn nur etwas sein, das diesem von Gott abgewandten Tun entspringt.

Nicht die Umstände, die Umwelt oder gar Gott selbst sind die Hervorbringer des Bösen, während der Mensch nur davon Betroffener bleibt. Nein, er selber ist es, indem er das Nicht-Richtige *tut* und dadurch das Böse erst aktualisiert und real macht. Eine wie auch immer geartete Verkürzung dieser Schuldradikalität und damit der Verantwortungs- und Mündigkeitsfrage lässt die Bibel nicht zu.

Nietzsches fast heiliges Erschüttert-Sein

Dieses tiefste Kennzeichen des Sündenfalls, diesen Zwiespalt des Menschen mit sich selbst, diesen Abgrund in ihm und damit die ihm innewohnende Gefährdung, die fundamentale Möglichkeit innersten und äußersten Scheiterns an der gottgegebenen Berufung und somit das Verfehlen des Ziels (das in der Bibel verwendete griechische Wort für Sünde, «Hamartia», bedeutet so viel wie «nicht treffen», «das Ziel verfehlen») hatte auch Nietzsche erkannt.

Nietzsches Ausruf «Gott ist tot» war nie das aufklärerische Kleingeld, das sich in infantiler Weise am Tod Gottes weidete und als das es in dutzendfacher Missdeutung herumgereicht wurde und wird, sondern schon fast heiliges Erschüttert-Sein. Er nahm hier in einem ungleich tieferen Sinn wahr, was er einst in Bezug auf sein Elternhaus geschrieben hatte: Die nie verheilende Wunde, die der Verlust dessen, was «mit mächtigem Griffel in seine Seele eingegraben» war, in ihm hinterließ. Die Du-lose Einsamkeit (Thielicke) eines Menschen, der von seinem «Woher» und seinem «Worauf hin», von seinem Sein und seinem Sollen emanzipiert an seinem inneren Abgrund steht, an dessen unterstem Grund ihm nach allen Blitzableiter-Parolen, wonach die Hölle *die anderen* seien[32] und das Böse ausschließlich im Außen zu suchen sei, sein eigenes Spiegelbild entgegenflimmert. Der Ort, an dem er nach allem Selbstmitleid, dem Neid, dem Empört-Sein, der Bitterkeit, dem laschen Nichtstun und dem lauen Dulden nichts anderes sagen kann als: «Das bin ich.»

An diesem Ort ist die Kraft zum Sprung aus der Vernunft des Ich hinaus in ein neues, selbst zu erschaffendes, das Gute wollendes und tuendes Ich hinein fast übermenschlich, und der Sprung wird allzu oft zu einem Gleiten, einem Fallen, einem Stürzen. Dies ist der Schweinetrog des verlorenen Sohnes, dies ist das ferne Land, die Fremde, die Hölle und also die buchstäbliche und äußerste Gott-Verlassenheit: «Weh dem, der keine Heimat hat.»[33]

Zu jeder Zeit Gewollter und Geliebter

Damit ist der biblische Personenbegriff umrissen: Der Mensch der Bibel – in der Schöpfung, im Sich-Abkehren und in der Rückkehr (Rechtfertigung) – ist zu jeder Zeit Gewollter und Geliebter, Angesprochener und in die Verantwortung Berufener. Hierin ist seine Gottebenbildlichkeit begründet. In diesem Außerhalb liegt seine Würde.

Er ist wohl handelndes, sich entwickelndes Subjekt, ganz Individuum mit Eigenschaften und Fähigkeiten und nicht etwa nur Gegenstand oder Wirkung Gottes. Es sind aber nicht diese Eigenschaften, die ihn in seinem Menschsein charakterisieren, sondern allein Gottes Wille, mit ihm in Beziehung zu sein, und des Menschen Art, diese Beziehung zu vollziehen. Im Glauben oder im Unglauben, im Gehorsam oder im Ungehorsam, in Gottes Ordnung oder außerhalb von Gottes Ordnung.

Der Mensch ist biblisch gesehen also kein in sich begründetes und für sich ins Auge zu fassendes Ich, sondern ist allein von der Art seiner Gemeinschaft mit Gott her zu bestimmen. Nur am Du Gottes «wird der Mensch zum Ich»[34].

Es geht also wie auch beim humanistischen Personenbegriff um die Frage der Perspektive. In größtmöglichem Gegensatz zum «Sich selbst ins Auge fassen» und «Sich selbst ergreifen», zum «In sich hineinhören» und zur Selbstbeobachtung, ruft Gottes Wort den Menschen in seiner Gesamtheit – und nicht nur Teile von ihm – zur Abkehr vom Ich und zur Hinwendung zum Außerhalb und zum Du Gottes im Sinne des ersten Gebots auf.

Eine Liebestat, die den Abgrund überbrückt

In der Freiheit der Entscheidung, diesem Ruf zu folgen oder aber gegen Gott mobil zu machen, liegen die Gefährdung des Menschen, die Möglichkeiten des Bösen und der Abgrund der Schuld. Überbrückt wird dieser Abgrund allein durch das Bekenntnis Gottes zum Menschen: die Liebe des Vaters, die so weit geht, dass er Gericht und Strafe für das menschliche Verfehlen des Ziels am Kreuz in der Person Jesu an sich selber vollzieht.

Wenn also dem Glaubenden von Nicht-Glaubenden gerne attestiert wird, sein Glaube sei eine Flucht, dann liegen diese, wenn auch im falschen Sinn, durchaus richtig: Vom Rand des inneren Abgrundes zurückweichend, flieht der Glaubende immer wieder in diese Liebestat und die damit offenbar werdende Gnade Gottes hinein. Es ist keine Welt- und Lebensflucht, sondern die Flucht vor der permanenten Gefährdung durch seine Neigungen, allein zu dem Zweck, frei und aufrecht im Leben und in der Welt stehen zu können. Nicht lebensflüchtig, sondern lebenstüchtig (Joachim Cochlovius).

Da jedes Handeln des Menschen geprägt und bestimmt ist von seinem Wollen und dieses wiederum, wie wir gerade gesehen haben, von seiner Blickrichtung abhängt, ist es erst jetzt möglich, sich ihm als Handelndem zuzuwenden. Sowohl dem vorderhand Du-losen Menschen des Humanismus in seinem zufälligen Interim zwischen Nichts und Nichts – als auch dem Menschen vor Gott im Kontinuum der Heilsgeschichte, im Interim zwischen gottgegebenem «Woher» und «Worauf hin», zwischen Schöpfung und Gericht.

Weil aber ein Handeln nur dann ein «vollwertiges» ist und einen moralischen Wert hat, wenn es freiwilliges Handeln ist[35], und da sowohl der Humanismus als auch das Wort Gottes *Frei-*

heit verheißen – möglicherweise ihre einzige Gemeinsamkeit! –, erscheint es geboten, vor der Frage nach dem Handeln hier zuerst die Frage danach zu stellen, was Freiwilligkeit beziehungsweise Freiheit überhaupt sei.

Kapitel 5:
Freiheit und die Gebundenheit an ein Ziel

Es ist im Rahmen dieses Textes nicht Raum, auf jede einzelne Nuance des Freiheitsbegriffs einzugehen. Ich beschränke mich deshalb auf eine skizzenhafte Vorzeichnung.

Grundsätzlich gilt: Jeder will frei sein. Das ist nichts Schlechtes. Aber man kann nicht frei sein wollen, wenn man nicht weiß, was Freiheit ist. Was also ist Freiheit?

Heutzutage ist so oft und in so verschiedenen Zusammenhängen von Freiheit die Rede, dass man nicht umhinkommt, sich zu fragen, ob es verschiedene Arten von Freiheit gäbe. Ist die Freiheit der Frau dieselbe wie jene des Mannes und diese wiederum dieselbe wie jene des Inter*Menschen? Ist die Freiheit des Unternehmers dieselbe wie jene des Angestellten? Die des Künstlers dieselbe wie die des Verkäufers? Die des Journalisten dieselbe wie jene des Familienvaters? Die des Beamten dieselbe wie die der Hausfrau? Und ist die Freiheit all dieser Leute dieselbe wie die eines Geimpften, Ungeimpften oder Genesenen in Seuchenzeiten?

Man ahnt, dass der Begriff der Freiheit heute dermaßen mit Bedeutungen befrachtet ist, dass ein Kerngehalt nicht mehr auszumachen ist. Das verwässert ihn, und er kann keinen entscheidenden oder sinnstiftenden Rang im Leben des Einzelnen und in einer Gemeinschaft mehr einnehmen. Eine Begriffs-Reinigung scheint deshalb angebracht.

Personale Entscheidungen, Zwang und Bindung

Die Antwort auf die Frage nach der Freiheit des Unternehmers, des Beamten, des Geimpften etc. lautet: Ja – es ist dieselbe Freiheit, sofern sie unter dem Vorzeichen personalen Entscheidens und Handelns und der Verantwortlichkeit steht. Wenn sie das nicht tut, dann ist es nicht nur eine andere Freiheit, sondern überhaupt keine Freiheit.

Anders gesagt, und auch wenn das widersprüchlich klingt: In Bezug auf die eingangs gestellte Frage: «Was sollen wir tun?», ist wahre Freiheit im «Sollen» zu suchen, das in unserem Zusammenhang sowohl das «Wollen» als auch das «Können» in sich vereint.

Damit ist zweierlei geklärt:

Erstens, dass ein «Wir» ausschließlich in dem Maße frei ist, wie die Einzelnen, die es konstituieren, frei sind und von dieser Freiheit Gebrauch machen.

Zweitens, dass die Definition von Freiheit als «Abwesenheit von Zwang» beziehungsweise als das Recht, zu tun, was einer will, solange er niemandem damit schadet, ungenügend ist. Zwang im alltäglichen Sprachgebrauch – und mit Ausnahme der Pathologie einer Zwangsstörung – wird als etwas ausschließlich von außen und von anderen Menschen Kommendes verstanden. Ich nenne die Freiheit von Zwang deshalb «tierische Freiheit». Dies nicht in einem abwertenden Sinn (ich bin eine große Tierliebhaberin!), sondern in jenem, dass wir diese Art der Freiheit mit unseren Mitgeschöpfen teilen.

Wenn man anstelle des Begriffs «Zwang» jenen der «Bindung» und der «Gebundenheit» verwendet, klärt sich zweierlei: Zum einen, dass Gebundenheit im Sinn des Gefangen-Seins sowohl in den innersten Kerkern einer äußeren Macht als auch hinter den Gitterstäben der eigenen Psyche eine Realität sein kann.

Zum anderen, dass die Definition von Freiheit als «Abwesenheit von Bindung und Gebundenheit» unsinnig ist, weil Bindung und Gebundenheit in jedem Leben eine Tatsache sind, so gewiss die Existenz einen Anfang und ein Ende hat und so gewiss jeder Mensch sich an etwas bindet – sei es an das eigene Selbst oder an ein Außerhalb.

Freiheit, so ahnt man bereits, ist also in keinem Moment ein Zustand der Bindungslosigkeit, sondern eine Frage nach der Bindungsqualität.

Bindungslosigkeit vs. Bindungsqualität

Damit leuchtet wieder der Hinweis auf die Perspektive auf. Das, worauf der Mensch seinen Blick richtet, das Ziel, das er zu erreichen wünscht und erreichen will, ist das, woran er sich bindet und gebunden ist. Solche Ziele können tierische Triebbefriedigung sein, Selbstverwirklichung in einer Karriere oder einem Meisterwerk, die Familie oder Sippe, Besitz, eine Machtposition, eine Tugend, die Gesundheit oder der Frieden mit Gott in mündiger Sohnschaft. Im Rahmen dieser Gebundenheit an ein Ziel findet Freiheit statt.

Mehr noch: Die Freiheit – so paradox es klingt – ist die Gebundenheit an das frei gewählte persönliche Ziel.

Negativ ausgedrückt: Ohne Bindung, ohne die bewusste und freiwillige Selbsthinordnung auf ein Ziel, das die Freiheit begrenzt, ohne ein *freiwilliges Sollen* also, kann nicht mehr von Freiheit gesprochen werden. Aus dem einfachen Grund, weil die Person selbst sich in einer solchen Definition der Bindungslosigkeit aufheben und zu einem ziel-losen, vom blinden Zufall getriebenen Etwas heruntergestuft würde.

Da aber Freiheit einer Person als Entscheidungs- und Verantwortungsträgerin bedarf, benötigt sie auch Bindungen und damit

Grenzen, die diese Bindungen darstellen. Nur wo ein Mensch nicht in jeder Sekunde über die Ausmaße und Beschaffenheit des «Rahmens» nachzudenken braucht, kann er sich innerhalb dieses Rahmens frei bewegen und handeln. Umgekehrt gilt:
Wo kein Rahmen, da kein freies Handeln.

Eine Aufgabe im Sinne einer Zu-mutung

Damit werden zwei weitere Aspekte deutlich: Einmal, dass solche Freiheit nichts Statisches ist, nichts, auf dem man sitzen und ruhen kann, nicht Zustand, nicht Prinzip und auch kein Gut, das konsumiert oder mit dem man geimpft werden könnte, sondern etwas, das täglich neu vollzogen und zum Ereignis werden muss.

Zum andern wird deutlich, dass die Freiheit des äußeren Tuns bestimmt ist von der inneren Bereitschaft und der Disposition zu diesem Tun und zur Bejahung seiner Konsequenzen.

Anders gesagt: Die «äußere» Freiheit des Handelns ist abhängig vom Grad der «inneren» Freiheit des Wünschens, Wollens, Entscheidens und Aushalten-Könnens.

So gesehen entpuppt sich Freiheit folglich als etwas ganz anderes, als viele heute wohl darunter verstehen; nämlich nicht als eine Gabe oder gar ein Recht, sondern als Aufgabe im Sinn einer Zu-mutung, einer Bürde, einer Last und damit einer Gefährdung. Letzteres sowohl durch das jedem Handeln innewohnende Risiko des Scheiterns als auch in der Gefahr der Versuchung, sich vor der Verantwortung und damit vor seinem vollen Person-Sein zu drücken.

Die Frage, die sich demnach in Bezug auf die Freiheit stellt, ist die folgende: Welche Bindungen stecken den Freiraum ab, innerhalb dessen das Individuum als Teil einer Gemeinschaft in Frieden leben und wirken kann? Sind es die Grenzen, die der Zeitgeist vorschlägt? Oder sind es die Grenzen der Väter[36], wie die

Bibel sie dem Menschen vor Augen stellt und vor deren Versetzung sie warnt?

Die *neue* Freiheit: Umverteilung und soziale Ruhe

Wie das Menschenbild, so gründet angeblich auch die Freiheit auf den Werten des Humanismus. Sofern der Humanismus die freie Entfaltung und Selbstverwirklichung des Menschen durch seine Vernunft zum Ziel hat – und da ein solches Ziel, wie wir gesehen haben, an das verantwortliche Entscheiden einer Person geknüpft sein will –, wäre zu fragen:

Wird die Person von der Meinungsindustrie als Handelnder im vollen Sinn als Entscheidungs- und Verantwortungsträger bestätigt? Und machen die Menschen als Einzelne von der Ermächtigung, sich vom tierisch-triebhaften Müssen hin zur freiwilligen Pflicht zu bewegen, Gebrauch?

Auf den ersten Blick: Ja. Abtreibung und assistierter Freitod erwecken den Eindruck, dass der Mensch sich soweit selber ergriffen hat und auch die äußersten Grenzen seiner Existenz nach seinem freien Willen setzt.

Bereits ein zweiter Blick macht aber klar, dass dies nicht die Inanspruchnahme eigener Freiheit und freiwilliger Bindung darstellt, sondern im Fall der Abtreibung die Ablehnung von Verantwortung, im Fall der Selbsttötung Protest: die radikale Zurückweisung der Tatsache, dass das eigene freie Wollen gerade nicht triumphiert.

Beide aber sind Reaktionen auf äußere Umstände und folgen dem Prinzip des geringsten Widerstandes. Sie stehen damit de facto unter dem Befehl eines freiheitsraubenden Gesetzes.

Wenn aber die Freiheit an den äußersten Existenzgrenzen sich als Scheinfreiheit entpuppt, liegt die Vermutung nahe, dass sie auch innerhalb dieser Grenzen, wo die Dringlichkeit des Endgültigen nicht gegeben ist, nur Trugbild ist, hinter dem die Mächte und Triebe der Unfreiheit wirksam sind.

Ob diese Vermutung begründet ist, zeigt sich, wenn wir kurz jene Ideen beleuchten, die heute als Synonym oder zumindest als Garant für Freiheit gelten und an denen sich jedes politische Handeln orientieren soll:

Menschenrechte und soziale Gerechtigkeit.

«Harte Rechte» und «weiche Rechte»

Ähnlich wie die Zehn Gebote kennt die Allgemeine Erklärung der Menschenrechte zwei «Gesetzestafeln», zwei Gruppen von Grundrechten, die zwei Ideen repräsentieren: Ich nenne die dem Menschen zuerkannten Anrechte der ersten Tafel der Einfachheit halber «harte Rechte» und jene der zweiten Tafel «weiche Rechte».

Zu den harten Rechten zählen all jene, die als «das Recht, in Ruhe gelassen zu werden»[37] und die Abwesenheit von Zwang zusammengefasst werden können. Darunter das Recht auf Leben, auf Verschonung von Folter und Sklaverei, das Recht auf Eigentum, und so weiter. Selbstverständlichkeiten für jeden in unseren Breitengraden sozialisierten und vernünftigen Menschen.

Anders sieht es bei den weichen Rechten aus. Sie gehen weit über den Rahmen der Abwehr gegen Übergriffe hinaus und sind Ansprüche zur Förderung der Entfaltung des persönlichen Lebens: das Recht auf befriedigende und gerechte Arbeit, das Recht auf Erholung, Freizeit und Urlaub, das Recht auf Nahrung, Kleidung, Wohnung und ärztliche Versorgung, das Recht auf Bildung, das Recht auf soziale und kulturelle Teilhabe etc.

Während man die erste Rechte-Kategorie als Freiheitsrechte gegenüber anderen Menschen innerhalb und außerhalb staatlicher Institutionen bezeichnen kann, handelt es sich bei der zweiten Kategorie um einen bunten Strauß von Forderungen an das Leben selbst. Weil von diesem aber nichts gefordert werden kann, richten sie sich an die Entität, die sich dessen Organisation zur Aufgabe gemacht hat, respektive anmaßt: den Staat.

Da der Staat aber nur geben kann, was er andernorts erzwingt und eintreibt, richten sich die Forderungen in Wirklichkeit an das Kollektiv «Allgemeinheit» oder «Gesellschaft». Die Rolle des Staates ist dabei ausschließlich jene, mit Androhung von Gewalt – von der Betreibung bis hin zur Pfändung und zur Haft – sicherzustellen, dass der wertschöpfende Teil dieser Allgemeinheit die Rahmenbedingungen und die Mittel zur Umverteilung an die Anspruchsberechtigten liefert.

Die Hybris der Freiheit für wenige

Die Tatsache, dass während der vergangenen Jahrzehnte der Begriff «Humanismus» immer mehr mit dem des «Humanitarismus» gleichgesetzt und beide zum Konzept der «sozialen Gerechtigkeit» verschmolzen wurden, hatte zur Folge, dass die Gesetzestafel der harten Rechte nach und nach jener der weichen Rechte unterstellt wurde. Die Freiheit ist damit heute nicht mehr primär die Freiheit von äußerem Zwang und also von Gewalt, sondern gerade die Einsicht in die Notwendigkeit von Zwang zur Sicherung der Bedürfnisse jener, die dies nicht selber können oder wollen. Es ist die alte «Teufelsmixtur, deren Rezept lautet: die einen auf Kosten der anderen zu füttern»[38]. Die Hybris der Freiheit für wenige.

Im Zentrum der Verantwortung für das eigene Leben steht damit nicht mehr der einzelne und nur in dieser unteilbaren Verantwortung freie Mensch, sondern die ihm das Lebensnotwendige und Gewünschte bewilligende und zuteilende Macht: der Staat – die Behörde, das Amt.

Der Humanismus ist also dem Marxismus auf den Leim gegangen: Danach ist Freiheit zuerst die Freiheit von der Notwendigkeit, und erst danach kann das «Reich der Freiheit»[39] des freiwilligen Sollens und der Selbstverwirklichung beginnen.

Man kann nun einwenden, dass das nicht das Ideal einer humanistischen Gesellschaftsordnung schmälere. Doch genau das ist der Fall. Es ist im Kern eine «Strategie des Aufstands gegen die Freiheit»[40] und mündet – jeder jemals realisierte ähnliche Versuch steht Zeuge – nie in einer freien, sondern immer in einer parasitären und damit unfreien Gesellschaft.

Rundumversorgung für Anspruchsberechtigte

Wo das Recht auf Rundumversorgung durch Dritte eingeklagt werden kann, wird eine immer größere Anzahl von Menschen dies der Anstrengung von Arbeit vorziehen. Wo staatliche und persönliche Macht und Privilegien umso gesicherter sind, je mehr Leute direkt davon abhängen, da werden die Inhaber dieser Macht nicht danach streben, diese Abhängigkeiten zu reduzieren, sondern sie im Gegenteil zu vergrößern suchen und damit die eigene Macht und das eigene Wohlergehen zu sichern und zu steigern.

Immer neue Gruppen von Anspruchsberechtigten stehen in diesem Teufelskreis zusammen mit einer immer großzügiger ausgestatteten Verteilungs- und Regulierungsmacht. Und gegenüber steht eine immer kleinere Gruppe von Menschen, welche dazu gezwungen wird, die Utopie mit ihrem Geld, ihrer Arbeit und ihrer Lebenszeit aufrecht zu erhalten.

Damit mich hier keiner falsch versteht: Das ist keine Absage an die Organisation von Caritas [Wohltätigkeit] innerhalb einer

Gemeinschaft. Wo freiwillige Nächstenhilfe wegfällt, wo der Unterstützung für die Schwächsten und in Not Geratenen eine Absage erteilt wird, ist eine Gemeinschaft keine solche mehr und überlebt nicht. Egal ob Familie oder Nation.

Die Gefahr besteht in der Auslagerung dieser Aufgaben an den Staat. Und zwar aus zwei Gründen. Zum einen, weil es eine Auslagerung aus der persönlichen Zuständigkeit in die Anonymität ist. Damit wird dem Kitt echter Solidarität, die über freiwillige Verpflichtung zu Zusammenhalt, Treue, Loyalität und Vertrauen führt, das Öl entzogen, und er bröckelt. Zum anderen deshalb, weil die Auslagerung an den Staat eine Auslagerung in die Hände von Menschen ist, die ein vitales Interesse daran haben, möglichst vielen «Gutes» zu tun, um wiedergewählt zu werden.

Mir ist kein Beispiel eines Staates bekannt, der nicht der Versuchung erlegen ist, früher oder später an den dem Menschen innewohnenden Opportunismus zu appellieren, aus notwendiger, temporärer Hilfe in Notsituationen Privilegien und Karriere-Optionen zu machen, und schließlich bei «Brot und Spielen» zu enden. Staatlich organisierte Caritas ist damit der Anfang vom Ende zuerst der privaten, dann *aller* Caritas.

Dieser Kreis – auch das zeigt die Geschichte – bricht erst dann auf, wenn die Realität des ökonomischen Grundprinzips der Knappheit gewaltig in das Utopia des Allverteilens hineinbricht und sich Geltung verschafft: Wenn nichts mehr da ist, das man den einen abpressen könnte, um die andern zum Zweck des eigenen Machterhalts damit zu ködern.

Die Mär von der sozialen Gerechtigkeit

Und an diesem Punkt zeigt sich dann auch, dass hier dieselbe Problematik vorliegt wie im Fall der Freiheit, die sich als Scheinfreiheit entpuppt: dass das, was man für «sozialen Frieden» hielt, am Ende dieser Entwicklung bloß noch «soziale Ruhe», eine Art lohnendes Stillhalten ist. Nicht interessengeleitete Konfliktvermeidung durch friedliches Kooperieren zwischen Einzelnen und Gruppen, sondern die mit immer wertloser werdendem Geld aufgerissenen und gleichzeitig zugemüllten Gräben zwischen Kulturen, Geschlechtern und Generationen.

Fällt das Geld beziehungsweise sein «Wertversprechen»[41] durch Inflation und Kaufkraftverlust weg, beißt sich die Mär von der sozialen Gerechtigkeit in den Schwanz und setzt genau das frei, was zu beseitigen sie angetreten war: ein gnadenloses «Jeder gegen jeden» im Kampf um das schiere Überleben auf dem kahlgefressenen Boden der Illusion vom sich wundersam erneuernden und erhaltenden Wohlstand.

Zuerst und am meisten leiden darunter die Schwächsten und in Not Geratenen innerhalb einer Gemeinschaft.

Und sogar dann, wenn man hier noch bereit ist, dieser Strategie und ihren Zielen die allerbesten Absichten zu unterstellen, führt sie aufgrund ihrer einseitigen Sicht auf den Menschen und ihres ausschließlichen Appels an sein tierisches Müssen, an seine natürlichen Zwänge, an seine Neigung zum Opportunismus, zum geringsten Widerstand, zur Trägheit bei gleichzeitiger totaler Ignoranz dessen, was ihn vom Tier unterscheidet – die unteilbare Verantwortung für sein bewusstes Sein und Werden – eben nicht in die Freiheit der Selbstverwirklichung, wie der Humanismus sie fordert. Sondern über die «Freiheit» von Stallvieh in die Unfreiheit eines totalitären Zuteiler-Staats hinein, in dem jeder dem anderen durch alle sozialen Schichten hindurch ein tödlicher Rivale an den Futterkrippen des Staats wird.

Für die Freiheit selbstgesetzter Ziele bleiben dann weder Zeit noch Raum im Kampf um die besten Plätze an den Trögen, um die größten Rationen und um die längste Verweildauer. Das Einzige, was dabei floriert, sind Missgunst, Neid, Verunglimpfung,

Verleumdung, Betrug, Gewalt, Misstrauen und Spitzeltum. Es ist das Ende aller Freiheit. Von Würde und Brüderlichkeit ganz zu schweigen.

«Politische Korrektheit» und Identitätspolitik als Schubreserven

Nun könnte man als Letztes noch einwenden – und es wird eingewendet und versichert –, man habe aus genau dieser Erfahrungen rund um den Globus gelernt und sei heute in der Lage, eine Art Balance zu finden zwischen den Extremen des Sich-selbst-überlassen-Seins und der totalen Abhängigkeit. Man sei in der Lage, die Spannung zwischen Neigung und Pflicht, zwischen Müssen und Sollen, zwischen Trieben und Vernunft, wenn auch nicht aufzuheben, so doch zu versöhnen. Man sei soweit, das Notwendige sicherzustellen, ohne das angeblich Erwünschte – die Freiheit der Selbstverwirklichung – zu gefährden.

Nein. Man hat *nicht* gelernt.

Die Indizien sprechen eine klare Sprache: Wo von der staatlich dominierten Meinungsindustrie angefeuert immer neue «Krisen» zu bewältigen und zu diesem Zweck immer neue «Steuern» notwendig sind, wo Enteignung hinter den Schlagworten der Rettungsrhetorik und via Geldentwertung und Negativzinsen längst stattfindet und sich auch real und offen wieder in die Programme politischer Parteien und von dort in die öffentliche Meinung schleicht, ist Knappheit längst wieder eine Realität und Frieden nicht das Ziel. Und ist der gnadenlose Zusammenprall von Privilegierten und unfreiwilligen Privilegien-Erwirtschaftern bloß noch eine Frage der Zeit oder mit totaler Kontrolle zu unterbinden.

Verstärkt wird das, was man eine Zwangsläufigkeit des angeblichen Kampfs gegen die Zwangsläufigkeit nennen könnte, heute noch durch die Schubreserven der Ideen der «Politischen Korrektheit» und der Identitätspolitik. Sie bestätigen eindrücklich, dass Freiheit und Frieden nur unter dem Vorzeichen des Scheins ihre Geltung haben und in Wahrheit ihr Gegenteil sind. Die folgenden Punkte verdeutlichen dies.

Der Mensch im heute praktizierten Humanismus wird nicht als vollendeter Einzelner mit seinen Möglichkeiten gesehen und angesprochen, sondern wird definiert über – und reduziert auf – die Trägerschaft biologischer und ethnischer Variablen. Er ist nicht zuerst Mensch und Individuum, sondern Subjekt der Zuschreibung zu einer entweder privilegierten oder benachteiligten Gruppe: männlich oder weiblich, heterosexuell oder divers, weiß oder eine «person of color».

Dabei gilt: So viele Geschlechter- und ethnische Identitäten es gibt, so viele Gruppen gibt es auch. Und es gilt weiter: Alles, was nicht weiß und männlich ist, ist benachteiligt und Opfer von Unterdrückung.

Ein Schauspiel namens «Opferwettbewerb»

Im Rahmen dieser Ideenkomplexe wird der Mensch also gerade nicht dazu motiviert und befähigt, sich über die natürlichen Zwänge von Geschlecht, Herkunft und sexueller Neigung hinweg zu ergreifen und sich ungeachtet dessen als «Einzelner» mit seinem «Eigenen» (Stirner) zu verwirklichen. Er wird vielmehr angehalten, ausschließlich diese Gegebenheiten im Auge zu behalten und sich nur als Teil und Partikel einer Gruppe zu entfalten, die diese Gegebenheiten mit ihm gemeinsam hat.

Und weil es mit Ausnahme der Gruppe des «weißen heterosexuellen Mannes» allesamt von eben diesem weißen heterosexuellen Mann benachteiligte und unterdrückte Gruppen sind, handelt es sich bei ihnen allen um Opfergruppen, und es findet unter der Anleitung der Meinungsindustrie das seltsame Schauspiel eines Opferwettbewerbs statt. Es gilt: Je lauter eine Gruppe ihre gefühlte Benachteiligung nachzuweisen vermag, umso förderungswürdiger ist sie. Bei Dutzenden Geschlechtern, wie sie die Genderideologie vorsieht, bei Hunderten Ethnien und anderen Zugehörigkeiten führt dies von der Ganzheit einer Gesellschaft zu ihrer Zersplitterung in eine Art moderne Stammesgesellschaft. Es ist nichts anderes als der Rückfall hinter die Aufklärung in die zeitgeschichtlich dunklen Epochen der Segregation, des Tribalismus und damit der Stammesfehden.

Die Tatsache, dass die Columbia University in New York neuerdings nicht mehr die eine große Abschlussfeier für alle Studentinnen und Studenten veranstaltet, sondern separate Feiern für die verschiedenen ethnischen und geschlechtlichen Minderheiten anbietet, steht eindrücklich Zeuge für diese Entwicklung und gleichzeitig für das totale Scheitern eines sich progressiv dünkenden Humanismus, der – nach den Maßstäben des echten Humanismus – viel eher ein Post-Humanismus ist.

Der uniform satte, befriedigte, beschützte Mensch

Zusammenfassend und Bezug nehmend auf die eingangs gestellten Fragen danach, ob die Meinungsindustrie den Menschen im Sinne des Humanismus bestätige als ganze, sich jenseits der natürlichen Zwänge freiwillig bindende Person und ob der Einzelne sich selbstverantwortlich zur ermächtigenden Freiheit eines selbst gewählten Sollens «zwinge», stellt man fest: Das Gegenteil ist der Fall.

Das Kant'sche Aufklärungswort «Habe den Mut, dich deines Verstandes zu bedienen» ist in der angeblich freiesten aller Welten auf ein schlichtes «Höre auf deinen Bauch» reduziert worden. Als frei gilt nicht der sich selbst gehörende Mensch, sondern der uniform satte, beschützte, befriedigte und in Obhut genommene Mensch.

Freiheit ist also, genau betrachtet, nicht einmal mehr die marxistische Einsicht in die Notwendigkeit: Wo andere nämlich entscheiden, was das Notwendige sei, und es dann auch gewähren, da bleibt dem einzelnen uniform Vermassten und damit gerade Ent-Personifizierten nur die Unterwerfung unter die privilegierte Kaste jener, welche diese Einsicht zu haben vorgeben.

Der scharfsichtige James Burnham[42] lag richtig, als er der Klasse der Neufeudalisten, die sich für ihn aus dem Zusammenschluss von Staat, supranationalen Organisationen und Großkonzernen ergeben würde, bereits 1941 riet, die Menschen auf eine rein physiologische Freiheit einzuschwören: Fördert die sexuelle Freiheit bis zum totalen Exzess, bindet den ganzen Menschen, seine Selbstidentifikation und sein Wohl und Wehe ausschließlich an seinen Körper, seine biologischen Merkmale und seine physischen Befindlichkeiten, und er wird echte Freiheit nicht einmal mehr dann erkennen, wenn sie vor ihm steht. Und sollte er sie doch erkennen, wird er nicht mehr wissen, was mit ihr anzufangen sei.

Ideen mit Absolutheitsanspruch

Viele Menschen teilen die tragische Situation des verlorenen Sohnes, der durch die radikale Aufkündigung der Verbundenheit mit dem Vater nicht etwa in die Freiheit hinaustrat, sondern an den Schweinetrog geschleift wurde und dort feststellte, dass er die Regeln des Vaterhauses nur gegen die Fesseln der eigenen Triebhaftigkeit vertauscht hatte.

Dennoch ist heute etwas anders. Der Sohn hatte die Möglichkeit, zurückzukehren, als er feststellte, dass seine Idee von Freiheit ihn in die Sklaverei und die Knechtschaft geführt hatte und ihn unten hielt im tierischen Müssen und im Dreck der stationären Herdenhaltung. Heute ist das ungleich schwieriger. Zum einen, weil ein Großteil der Menschen nicht so empfindet, sondern sich frei, offen und fortschrittlich wähnt und die organisierte und geförderte Gebundenheit an die eigene tierhafte Lust und Unlust als Freiheit empfindet.

Zum anderen, weil die Ideen des «neuen Humanismus» sich zu Ideen mit Absolutheitsanspruch gemausert haben. Zu Ideologien also, die sich jedem objektiven «Richtig» oder «Falsch» entziehen und durch den anti-wissenschaftlichen Appell an die Neigungen, Hoffnungen, Wünsche, Befürchtungen der Menschen vorgeben, im Interesse *aller* zu sein, während sie wie jede Ideologie nur den Interessen einer kleinen elitären Kerntruppe dienen. Diese letztere konstituiert sich heute aus dem Staat und aus all jenen, die von seinen Zuwendungen und seiner «Regulierung», «Inklusion» und «Gerechtigkeit» genannten, totalen Durchdringung der verschiedenen Lebensbereiche profitieren.

Wir haben es mit einem eigentlichen Weltanschauungs-Staat zu tun, einem Wächteramt-Staat – halb Heilanstalt, halb Heiligungsbewegung –, der sich mit dem Humanismus nur noch den Namen teilt. Er befreit den Menschen nicht, sondern liefert ihn unter dem Banner der Illusion dauerhafter Sicherheit der totalen Umgriffenheit und uniformen Vermassung aus und nimmt ihm, was er zu geben vorgibt: seine personale Eigenständigkeit und das Potenzial zur Freiheit.

In einem solchen Staat ist einer nicht Einzelner, sondern Teil des Kollektivs – wer anders denkt, überhaupt denkt, ist ein Staatsfeind. Daran ändert auch die Tatsache nichts, dass man den Wortteil «Feind» durch «Gegner», «Skeptiker» und «Kritiker» ersetzt hat: Wer nicht funktioniert im Sinn des politischen Mythos des praktizierten Humanismus, ist Ausgestoßener und Gefährder von Freiheit, Demokratie und Frieden und darf wirtschaftlich und sozial im Interesse aller gecancelt werden.

Dekadenz nach jahrzehntelangem Wohlstand

Was heute also unter Freiheit verstanden wird, ist dieselbe Freiheit wie jene in den Tagen Noahs, bevor die Flut kam: Die Leute waren vollauf und einzig damit beschäftigt, auf ihren Bauch zu hören[43]. Für Noah, den nach Gott und nach seiner Berufung Fragenden, nach Bestimmung und Ziel, hatten sie nur Kopfschütteln übrig, Verachtung, Hass – bestenfalls Mitleid.

Der Unterschied zu heute besteht darin, dass diese Art der Freiheit meiner Meinung nach auch, aber nicht nur eine Art natürlicher Entwicklung, eine Form der Dekadenz als Folge jahrzehntelangen großen Wohlstands ist. Vielmehr kommt auch hier wieder die Doppelseitigkeit Bürger-Staat zum Tragen: Politiker wollen wiedergewählt werden.

Für sie gilt, was an der Börse gilt: Bekämpfe nicht den Trend. Wer «in ein fallendes Messer greift» und den Leuten nicht bietet, was der Trend vorgibt und was sie wollen, handelt in Bezug auf die Chancen seiner Wiederwahl dumm. Er hat also gute Gründe, die gesellschaftlichen Trends nicht nur laufen zu lassen, sondern zu fördern. Das tut ein Großteil der Politiker bewusst oder von sich selbst unbemerkt – und mit ihnen tun es ihre Verwaltungen.

So erklärt sich die Tatsache, dass die «harten Rechte» der Allgemeinen Erklärung der Menschenrechte durch ihre konsequente Missachtung, Falschinterpretation oder Relativierung zugunsten der «weichen Rechte» mehr und mehr verwässert und entleert werden. Eigentum, Familie, Anti-Diskriminierung als Gleichheit vor dem Gesetz – sie alle stehen wider den gesellschaftlichen Trend und konkret unter Beschuss. «Aber doch nicht das Folterverbot», wenden Sie ein? Nun, dies zu beurteilen überlasse ich mit dem Folgenden der Leserin, dem Leser:

Apokalyptische Szenarien, permanente Unruhe

Ziel und Zweck moderner Foltermethoden sind die Verunmöglichung geistigen und physischen Widerstands des Gefolterten. Zum einen durch Auslöschung seiner Identität, zum anderen dadurch, dass man ihn in einen Zustand permanenter Unruhe und Spannung, des Misstrauens und der Angstbereitschaft versetzt. Die Themensetzung und ihre hochintensive Bewirtschaftung durch die gesamte Meinungsindustrie führen aber genau dazu – Stichworte sind «Genderwissenschaft», «Klimakrise», «Pandemie», «Anti-Rassismus» (Cancel Culture). Den Menschen – gerade auch Kindern und Jugendlichen – wird sowohl die sexuelle als auch die kulturelle und geschichtliche Identität abgesprochen. Ihre Persönlichkeit, sofern sie «weiß» und «privilegiert» sind, weist von allem Anfang an ererbte Bruchspuren auf, und sie gelten nunmehr als Stückwerk aus Schuld und Verbrechen früherer Generationen.

Addiert man noch die apokalyptischen Szenarien in Bezug auf das Klima und lebensgefährdende Krankheiten hinzu, dann hat man genau das Gefühls-Setting, das man zynisch als Folter-Optimum bezeichnen könnte. Dass die Medien damit arbeiten, kann nicht überraschen. Katastrophen verkaufen sich besser als Erfolgsmeldungen.

Die Politik und mit ihr der Rest der Meinungsindustrie müssen sich aber die Frage stellen lassen, warum *sie* ins selbe Horn blasen. Warum auch sie fast ausschließlich auf Apokalypse und Angst setzen im belegten Wissen, dass Angst lähmt und dadurch Zuversicht, Lebensliebe, Hoffnung, Erkenntnissuche, Erfindergeist, Innovationskraft, zukunftsgerichtetes Tätigsein sowie physische und psychische Gesundheit gefährdet oder im Keim erstickt.

Warum – um ein aktuelles und für andere «Krisen» repräsentativ stehendes Beispiel zu nennen – wird ein UN-Bericht breitgetreten, der für die nächsten Jahre aussterbende Arten, überflutete Städte, verheerende Krankheiten und zusammenbrechende Ökosysteme und Hitzewellen nicht nur voraussagt, sondern als Wahrheit und gesicherte Realität verkauft, während er zu 100 Prozent auf Modellen beruht, die wiederum Bezug nehmen auf andere ähnliche Modelle und also selbstreferenziell sind?

Warum prophezeien: «Das Schlimmste steht der Welt noch bevor», anstatt sich auf aussagekräftige, verstehbare und vergleichbare Zahlen zu stützen und zu beschränken?

Warum wird nicht in gleicher Gewichtung von den zahlreichen privaten und unternehmerischen Initiativen berichtet, welche die Probleme erstens vor Ort und zweitens ganz real angehen und das Potenzial haben, zu begeistern und Unterstützung zu mobilisieren?

Warum als einzige Lösung immer nur die verbale Flucht in ein panisches *«Wir müssen!»* anpreisen? Wobei mit «Wir» stets der Staat gemeint ist, der sich anmaßt zu behaupten, dass er über Wissen und Können verfüge – obwohl er in der Vergangenheit von der Prognose bis zur «Lösung» immer und zuverlässig bewiesen hat, dass dieses Wissen und Können eben gerade nicht vorhanden, nicht ausgereift, falsch und/oder nicht zielführend ist.

Dies ist der «Ort», an dem ein großer Teil der Gesellschaft in Sachen Freiheit heute steht: innerhalb der von Staats wegen abgesteckten Umzäunung und freiwillig die Ketten an den Gittertoren anbringend.

Der Preis des Hinaustretens: Außenseitertum ...

Das Beharren auf – oder eine Rückkehr zu – echter persönlicher und verantwortlicher Freiheit ist vor diesem Hintergrund zwar möglich, aber nur um den Preis des Hinaustretens und damit des möglichen Außenseitertums und des Abseits-Stehens zu haben. Wer nicht mehr mitmacht beim Tanz ums Goldene Kalb des «Wir» und der Angst, stellt sich nicht nur quer zur Mehrheit, sondern vor allem quer zum Staat, der sich zurzeit via Gesundheitspolitik und «Lebensschutz» in der Metamorphose vom bloßen Göttlich-Sein zum Gott-Sein befindet. Im Gegensatz zum Gott der Bibel kennt er aber keine Gnade, wenn der Mensch «falschen» Gebrauch macht von seiner Berufung zum Freisein und Menschsein.

Die *alte* Freiheit: Heimkehrender Geliebter

Wenn man den Büchern der Bibel etwas nicht vorwerfen kann, dann ist es Emotionalisierung. Als chronologische Aneinanderreihung «trockener» Information zu Menschen und Ereignissen nimmt sie auch in dieser Hinsicht eine denkbar radikale Gegenposition zu den politischen Mythen und Narrativen der Gegenwart ein, die auf dem Umweg über die Nerven einen zumindest kurzfristig sinn- und identitätsstiftenden Gruppeneffekt und damit Gruppendruck erzeugen.

Die Bibel betreibt in Bezug auf den Menschen, seine Neigungen und seine Berufung zur Freiheit weder Schönfärberei noch Dramatisierung. Die Erzväter Israels, die Propheten, die herausragenden Frauen, die Könige, die Apostel – sie alle waren keine Ideal- oder Übermenschen, keine Heiligen im Sinn göttlicher Unfehlbarkeit oder auf Außenwirkung getrimmten

Gutmenschentums. Der Glanz, der sie die Jahrtausende überdauernd umgibt, ist nicht ihrer hohen Moral, ihren Verdiensten oder ihren Tugenden geschuldet, sondern einzig ihrem personalen Bezogen-Sein auf Gott: ihrem nicht abirrenden Blick auf den Urheber und das Ziel allen Lebens und aller Freiheit.

Die Bibel stellt uns den Menschen so vor Augen, wie er ist: berufen zur Freiheit und gleichzeitig in steter Versuchung, das aus Schöpfungsgeschichte und Sündenfall bekannte Verschiebespiel immer neu zu inszenieren, um sich vor der damit einhergehenden Verantwortung zu drücken.

Damit beantwortet die Bibel bereits auf den ersten Seiten die Frage danach, warum einzelne Menschen und ganze Gesellschaften sich im Lauf der Geschichte immer wieder freiwillig in menschliche Tyrannei hineintreiben lassen und es auch heute im Namen einer schein-objektiven und schein-neutralen Gerechtigkeit und Solidarität wieder tun:

Weil der Mensch dazu neigt, sich aus dem Zusammenhang herauszuhalten, wo etwas bedrohlich oder auch nur unbequem ist, um sich unter das Prinzip des geringsten Widerstandes zu beugen. Er flüchtet sich in das Pathos des Opfer-Seins, deutet persönliche Verantwortung und Schuld in Schicksal um, belügt sich selbst und versteckt sich vor Gott.[44].

«Die Verhältnisse! Die Umstände! …»

Schon Adam schob die Schuld an seinem Ungehorsam und damit seine Verantwortung auf Eva ab. Und schon Eva wies die Verantwortung für ihr Handeln zurück und zeigte auf die Schlange. Beide aber gaben im Endeffekt Gott selber die Schuld: Hätte er Eva nicht erschaffen und sie Adam zur Seite gestellt, und hätte er die Schlange nicht erschaffen, die Eva verführte, dann wäre das

Falsche nicht möglich gewesen. Die Verhältnisse waren es – und nicht Adam! Die Umstände – und nicht Eva!⁴⁵

Auch die Israeliten folgten Moses und Aaron nicht freudig aus dem Sklavenhaus in die klare kalte Luft der Freiheit[46] hinaus, sondern nur zögerlich und contre cœur Und kaum waren sie draußen und frei, murrten sie gegen die beiden Männer und gegen Gott und wollten zurück an die Fleischtöpfe Ägyptens. Dort waren sie zwar geknechtet gewesen, erniedrigt, geschlagen, unterdrückt und in jeder denkbaren Weise unfrei, aber das immerhin mit vollen Bäuchen.

Die Schrift aber beharrt darauf: Gott hat nicht einfach Menschen geschaffen, sondern *zur Freiheit berufene* Menschen. Frei und verantwortlich einerseits in der individuellen Entscheidung, das Leben Gott zugewandt oder von Gott abgewandt zu leben. Frei von menschlicher Knechtschaft andererseits, was durch die Tatsache, dass kein anderer als *Gott selber* sein Volk aus der Fremdherrschaft und Unterdrückung führt, kaum deutlicher werden könnte.

Die Bibel kennt und befürwortet also sowohl die äußere Freiheit der Abwesenheit von Zwang als auch die innere Freiheit im Sinn ihrer Definition und Begrenzung durch die Ziele, die einer sich setzt – und an die er sich also freiwillig bindet.

Die neue Berufung in das «Du» Gottes hinein

Und hier nun, in der Frage nach der Gebundenheit, liegt der Grund einer «dritten Freiheit», die man die «Kernfreiheit» der biblischen Heilsgeschichte nennen könnte: Es ist als letztes Ziel die Freiheit, die von dem natürlicherweise zwiegespaltenen Selbst losgelöst ist. Es ist die Freiheit, von der Gebundenheit an das Ich, das im permanenten Widerstreit zwischen Natur und Vernunft, zwischen Sein und Sollen steht, entkettet zu werden –

kurz: die Freiheit der Berufung in das Außerhalb des Ichs und in das «Du» Gottes hinein.

Allein diese Bezogenheit, sagt die Bibel, sprengt das unversöhnliche Gegenüber dieser menschlichen Pole auf und befreit uns davon. Der Glaube daran, dass es so ist, ist also sowohl ein Glaube *an etwas* als auch ein Glaube *gegen etwas:* der Glaube *an* die Möglichkeit eines anderen, neuen Existierens vor Gott – und also der Glaube *gegen* die exklusive Bindung an die Welt und *gegen* die eigene Natur und Vernunft. Nicht dadurch, dass ich Welt, Natur und Vernunft umgehe, verdränge oder außen vor lasse, sondern indem ich mich im Wissen und in der Akzeptanz dieser Spannung, in welche ich hineingestellt bin, freiwillig und in echter Demut beuge vor dem Einen, der der Anfang und das Ende jeder Spannung ist – sei sie in mir, sei sie in der Welt, sei sie zwischen den Äonen, in denen mein In-der-Welt-Sein stattfindet.

Darin aber wird auch der fundamentale Unterschied zum Freiheitsbegriff des aktuellen, vom Neomarxismus geformten Zeitgeists klar. Mehr noch: Ein weiteres Mal entpuppt sich der heute propagierte Freiheitsbegriff als die exakte Verkehrung dessen, was die Schrift sagt. Gemäß der Bibel – und neueste neurologische Erkenntnisse bestätigen es – ist das marxistische Paradigma, wonach das Sein das Bewusstsein bestimme, falsch. Es verhält sich – auch hier – gerade umgekehrt: Das Bewusstsein bestimmt das Sein.

Der Mensch ist als geistiges und geistliches Wesen erschaffen und wird als solches erkannt, angesprochen, verantwortlich gemacht und zur Rechenschaft gezogen. Permanent fordert die Bibel ihn dazu auf, vor allem anderen seinen Geist und seinen Sinn zu erneuern[47], um in die Lage versetzt zu werden, frei zu sein von inneren Fesseln und falschen Gebundenheiten, um echt verändernd und gestaltend im Sein wirksam werden zu können.

Des Menschen Freiheit beziehungsweise seine Befreiung ist also primär ein inneres Geschehen und zu keinem Zeitpunkt ein von sich selbst ablenkendes und Verantwortung verneinendes Klempnern im Außen. Weil diese Erneuerung von Sinn und Geist gemäß der Schrift im tiefsten Sinn der Heilsgeschichte aber auch Gnadengeschehen Gottes ist und der Beitrag des Menschen dazu auch das Geschehen-Lassen, das «Sich dem Geschehen aussetzen», ist es auch Glauben: das Sich-Binden in tiefstem Vertrauen und in äußerster Treue an den Einen, von dem und durch den und auf den hin alle Dinge sind.[48]

Eigene Wahl und Wirkung Gottes – der Sprung

Freiheit ist also gemäß der Bibel gerade der Sprung über den Widerstreit zwischen Vernunft, Wunsch und Trieb hinweg in den Glauben hinein. Ein Sprung, der sowohl das Resultat einer Wahl als auch Wirkung Gottes ist.

Extrem und deutlich sichtbar wird das am Beispiel Abrahams auf dem Weg zur Opferung Isaaks[49]. Grundsätzlich gilt: Abraham hatte eine Wahl. Gott hat ihn zu keinem Zeitpunkt zum Gehorsam gezwungen. Sowohl Abrahams Liebe zum Sohn als auch sein Wünschen und Hoffen auf die Verheißung Gottes, wonach seine Nachkommenschaft so zahlreich sein würde wie der Sand am Meer, sagten deutlich *Nein* zu Gottes Forderung. Die Stimme der Vernunft, wonach die Verheißung nichtig sei, wenn der einzige Nachkomme getötet werde, konnte ebenfalls nur *Nein* sagen. Der Glaube aber *sprang:* aus dem Konflikt des eigenen Wollens und Wissens hinaus, in das Wollen und Wissen Gottes hinein.

Das ist die Freiheit der Gnade – der Güte, der Liebe, der Gerechtigkeit und der Barmherzigkeit Gottes –, zu der allein Gott als ihr Urheber und Ziel ermächtigt, und für die der Tod Gottes am Kreuz in der Person Jesus repräsentativ steht. Es ist die Freiheit dieses äußersten Geliebt-Seins, von der Luther spricht, wenn er sagt, der Christenmensch sei ein Herr aller Dinge und nichts und niemandem untertan.

Der Geist und Sinn dieser Freiheit durchzieht die Bibel wie ein mächtiger Fluss, der aus drei Worten besteht: «Fürchte dich nicht.»

Fürchte weder Tod noch Leben. Fürchte dich nicht davor, aus dem Rahmen des «Normalen» und «Korrekten» zu fallen.

Fürchte dich nicht, mutige Entscheidungen zu treffen, Chancen zu ergreifen und das Risiko des Scheiterns einzugehen.

Fürchte dich ebenso wenig vor Unsicherheiten und davor, Scheinsicherheiten und staatliche Inobhutnahme abzulehnen.

Fürchte dich nicht davor, an einem Ort zu sein, von dem die Welt sagt, man solle dort nicht sein.

Fürchte dich nicht, aufrecht zu stehen, wo alle anderen kriechen.

Fürchte dich nicht, vor Gott zu knien, wo von dir verlangt wird, es vor obrigkeitlichen Ideen von Gerechtigkeit, Gleichheit und Solidarität oder vor den Götzen der Ersatzreligionen zu tun.

Fürchte dich nicht davor, allein zu bleiben, wenn alle anderen woanders hingehen und du vielleicht auch lieber dort mitlaufen würdest.

Fürchte dich nicht davor, das Richtige zu tun, auch und gerade dann, wenn du dich nicht danach fühlst.

Aber vor allem: Fürchte dich nicht davor, festzustellen und zu akzeptieren, dass du (wie der verlorene Sohn) am Schweinetrog äußerster Gebundenheit an die Welt, an andere Menschen, an ihre Ideologien oder an das Triebhafte deines Selbst gelandet bist.

Fürchte dich nicht, aufzustehen und durch das «Mehrheit» genannte Gedränge den Weg zurück anzutreten.

Fürchte dich nicht vor dem Abgrund in dir. Auch nicht vor der scheinbaren Unmöglichkeit des Sprungs darüber hinweg.

Befreiung aus der ständigen Welt-Verfügbarkeit

Dass diese Freiheit nun nicht eigenes Tun, sondern Glaube und damit befreiendes Wirken Gottes ist – etwas, das also ohne sein Zutun an ihm geschieht –, hört der moderne, aufgeklärte Mensch freilich nicht gern. Dass die meisten Menschen heutzutage ab dem Moment, in dem sie morgens die Augen aufschlagen und nach dem Handy greifen, tagtäglich und stündlich «an sich geschehen lassen» und erst wieder damit aufhören, wenn sie sich abends schlafen legen, fällt dabei unter den Tisch.

Dabei bezieht sich die Freiheit der Bibel auch und gerade auf solches «Herumgestochere» der Welt im Leben des Menschen. Biblische Freiheit ist eine Emanzipation, die diesen Namen auch verdient: eine Befreiung aus dem Zustand der permanenten Welt-Verfügbarkeit. Und damit eine Befreiung aus der Abhängigkeit von der Welt und ihrer Einflussnahme. Nicht ein Sich-Abwenden oder gar eine Ablehnung gegenüber der Welt, sondern ein sich ihr in neuer, echter Freiheit zuwenden. Eine äußere und eine innere Befreiung also.

Die äußere ist die Befreiung von Angst vor der Welt, vor den Menschen und den Reaktionen auf das eigene Handeln und damit auch die Befreiung von jeder Angst und Furcht bewirtschaftenden weltlichen Macht – sei es Staat, Kirche, Wissenschaft oder Mehrheit.

Die so geschenkte Freiheit ist nichts, was «eingeschränkt» oder «gewährt» werden könnte, wie es heute fast täglich verlautbart wird, denn sie hat ihre Wurzeln nicht in einem Wechselhaften und Äußeren, sondern in einem Ewigen: In der erklärten und bezeugten Liebe Gottes zur Welt[50], von der «weder Tod noch

Leben, weder Engel noch Mächte noch Gewalten, weder Gegenwärtiges noch Zukünftiges, weder Hohes noch Tiefes noch irgendeine andere Kreatur»[51] den Glaubenden scheiden können.

Befreiung vom inneren So-Sein

Die innere Befreiung ist quasi die Rückseite der äußeren und nur über den Umweg der radikalen Ich-Erkenntnis und des Ich-Bekenntnisses zu haben:

Ich bin es, nicht die Verhältnisse, nicht die Umstände, nicht die anderen oder das Schicksal – ich, durch dessen Seele mitten hindurch die Linie von Gut und Böse verläuft[52]. Ich trage in mir die Fallstricke von Neid und Größenwahn und Missgunst, von Narzissmus, Hass, Selbsterhöhung und Lieblosigkeit. Das Böse liegt als stets lauernde Möglichkeit in mir. Das absolut Böse eines Stalins oder Hitlers, das Böse der Mitläufer, Mitmarschierer und Mitkriecher, der Spione und Spitzel, der Verräter, der Wärter und Verwaltungsbeamten des Grauens, auch das Böse der feige Schweigenden. So gewiss diese Monster Menschen waren und sind und so gewiss ich ein Mensch bin und also einer von ihnen, so gewiss trage ich die Möglichkeit des So-Seins in mir. Und mit großer Wahrscheinlichkeit war ich in meinen Gedanken und in meinem Fühlen auch schon so.

Das Geheimnis der Befreiung von diesem So-Sein liegt nun aber nicht im Erkennen und Bekennen, nicht im starren Blick in den Abgrund in uns, in der permanenten Introversion, die in Verzweiflung, Depression, Wahn oder in Versuche zur Selbsterlösung führt, sondern – auch hier – im Blick darüber hinweg auf das Außerhalb: auf den Einen, der mich ebenso erkennt und sich dennoch zu mir bekennt.

Das Ende der Gottesangst

Da liegt das Geheimnis der inneren Befreiung: im vollkommenen Durchschaut-Sein von einem Liebenden (Thielicke); im Blick auf das «Dennoch» Gottes zum Menschen in der Person von Jesus Christus, das erst das «Dennoch» des Psalmisters[53] auch für uns möglich macht. Es ist die Freiheit innersten Ich-Seins im äußersten Geliebt-Sein.

Damit wird auch der Begriff der Gottesfurcht verständlich: Er meint nicht etwa Angst vor Gott, sondern die zitternde Ehrfurcht vor dem unerklärlichen und menschlich nicht zu erfassenden Wunder der Liebe und Selbst-Hingebung des Schöpfer- und Richtergottes, der in seinem durch die Bibel erfahrbaren Tun und Reden bekennt, sich durch das Gefallen-Sein und den Abgrund hindurch «ein für alle Mal»[54] für den Menschen entschieden zu haben, damit diesem die Möglichkeit gegeben sei, sich für Gott zu entscheiden.

Gottesfurcht ist die Sprachlosigkeit vor dem, der sein Gericht um der Liebe zum Menschen willen an sich selber vollzogen hat. Sie ist die kaum in Worte zu fassende Erkenntnis, dass die Arme, die den verlorenen Sohn gehen ließen, auch dann nach ihm ausgestreckt blieben, als dieser sein Leben in vollkommener Abwendung und Ablehnung lebte.

Gottesfurcht ist also gerade das Ende dessen, was man Gottesangst nennen könnte: das Ende der «Angst im Rücken», das Ende des Ahnens und Nicht-Ahnen-Wollens, dass der Mensch nicht die oberste und letzte Instanz sei, das Leben und sein Gewirr nicht die letzte Bindung, und dass er eines Tages – egal ob glaubend oder Gott leugnend – vor Gott stehen werde und Rechenschaft abzulegen habe über sein Handeln und jedes unnütze Wort[55].

In letzter Konsequenz: das Ende der Angst vor dem Tod und damit das Ende der Angst vor der Welt.

Denn es gilt: Wer das Letzte überwunden hat, fürchtet sich nicht vor Vorletztem[56].

Längst entlarvt, längst entdeckt – und «dennoch»!

Was bedeutet das: Das Vorletzte nicht fürchten? Es bedeutet, dass der Glaubende nicht nur befreit ist von Furcht vor Äußerem, sondern auch frei von der Angst des Entdeckt-Werdens. Denn er ist längst entlarvt und war es schon immer von dem, der die Gedanken der Menschen kennt[57]. Er ist längst all dessen überführt, was Gottes «Du sollst nicht» verbietet – und dennoch geliebt.

Hier ist es wieder, das wunderbare *Dennoch* Gottes!

Damit fällt für den Glaubenden aber jede Notwendigkeit weg, sich Illusionen über sich selbst zu machen und sich selbst oder andere im Dunkeln zu lassen über die wahre Gestalt der eigenen Motive, Ziele und Regungen. Das ist die Freiheit wiedergeschenkten Friedens mit dem Vater bei voll übernommener Verantwortung und Gotteskindschaft: die Freiheit mündiger Sohn- und Tochterschaft.

Damit aber präsentiert sich uns hier eine Freiheit, die dem modernen Freiheitsbegriff der Inobhutnahme, der den Menschen in totaler Entbindung von Verantwortung sehen will, diametral gegenübersteht. Sie präsentiert sich uns auf den ersten Blick als Widerspruch – nämlich als eine Freiheit des Zurückgebunden-Seins an das Vaterhaus.

Auf den zweiten Blick ist es jedoch das, was man die Freiheit des schmalen Grates nennen könnte: die Freiheit, in der einer es ohne Furcht wagen kann, an den höchsten Punkt dessen zu steigen, was er zu geben, zu leisten und an Verantwortung zu tragen vermag. Die Freiheit, die ihn, einmal oben angelangt, nicht ge-

lähmt oder berauscht verharren, sondern einen Fuß vor den anderen setzen lässt im Vorwärts der Spannung zwischen den Extremen des menschlichen Lebens:
Zwischen Sein und Sollen.
Zwischen Natur und Vernunft.
Zwischen Machbarkeitswahn und Minderwertigkeit.
Zwischen Bekanntem und Unbekanntem, sogar Fremdem.
Zwischen dem Kontrollwahn der Allverantwortlichkeit und der totalen Verneinung jeder Verantwortung.
Zwischen Übervorsicht und Fahrlässigkeit.
Zwischen Gleichgültigkeit und Überempfindlichkeit.
Zwischen Risiko und Sicherheit.
Zwischen Egoismus und Selbstaufgabe.
Zwischen Prassen bzw. Gier und Enthaltsamkeit.
Zwischen Körpervernachlässigung und Gesundheitskult.
Zwischen Fürsorge und Achtlosigkeit.
Und schließlich zwischen Leben und Tod.
Tag für Tag, Woche für Woche, Jahr um Jahr.
Ohne Furcht.

Das ist die Freiheit als Gratwanderung, die Freiheit Gottes – die Freiheit des Wissens über die allzeitige und jedes Extrem umfassende Bindung an den Urheber, Erhalter und Vollender all dessen, was ist.

Spiegel unserer tiefsten Motivgründe

Spricht die Bibel hier der Verdrängung der Wirklichkeit das Wort? Ist es eine Aufforderung an den Glaubenden, mit zugekniffenen Augen und dem verkrampften, dümmlichen Dauerlächeln einer von der Realität abgehobenen Jenseitigkeit und Pseudo-Seligkeit durchs Leben zu gehen?

Nein. Die Bibel ist kein gefühlsduseliges oder utopisches Programm, keine Anleitung zu weltflüchtiger Jenseitigkeit oder zum Versuch der Selbstheiligung. Erst recht ist sie keine Einladung zum Wegsehen, sondern ein Spiegel, der uns vorgehalten ist und der auch unsere tiefsten Motivgründe einzufangen vermag.

Dieser Spiegel zeigt deutlich, was in Sachen Freiheit Fakt ist: Dass es nämlich nicht das Äußere und irgendwelche Extreme sind, die den Menschen verknechten, sondern der Mensch selbst, indem er sich an sie fesselt.

Und er zeigt weiter auf, dass der Mensch eine Neigung hat zu solcher Selbstverknechtung und in der Lage ist, alles, auch die besten Dinge, in diesem Sinn zu vergötzen und damit zu Institutionen der Unfreiheit zu machen – und sei es Gott selber, seien es seine Gebote oder auch die Freiheit.

Solche Vergötzung aber ist das Ende der Freiheit, wie die Bibel sie versteht: Vergötzung ist nicht der freie und verantwortliche Umgang mit den Gegebenheiten und Möglichkeiten der Welt, sondern Unterwerfung unter sie und die Fesselung an sie – auch und gerade dann, wenn sie sich als Verantwortung, Liebe, Pflichtbewusstsein oder eine andere Tugend präsentiert.

Die Freiheit, von der Gottes Wort spricht, ist dagegen die Freiheit an den Stricken der Liebe[58]: Sie fesseln den Menschen nicht, sondern halten ihn.

Als solcherart Gehaltener und Geliebter kann ich Widerstand leisten ohne Furcht vor Strafe. Kann ermutigen und geben, ohne Gegenleistung oder Lob zu erwarten. Kann Tag für Tag das Beste liefern, ohne auf Streicheleinheiten, Anerkennung oder sofortigen Erfolg angewiesen zu sein. Kann Angriffe, Ausschluss oder sogar Verfolgung ertragen, ohne den Wunsch nach Rache zum Götzen zu machen. Kann Lob und Belohnung entgegennehmen, ohne davon abhängig zu sein. Kann lieben, ohne in Hörigkeit oder Kontrollwahn zu verfallen. Und kann in letzter Konsequenz sterben ohne Zweifel daran, dass die Stricke der Liebe Gottes auch stärker sind als der Tod.

Die Freiheit der Bibel ist also das radikal vertrauende Glauben an das allzeitige Dasein und Mir-offen-Stehen des Vaterhauses. «Fürchte dich nicht.»

Wenn nichts mehr selbstverständlich ist

Aus diesem Glauben-Können aber erwächst eine das eigene Leben, die Welt und die Zeit gleichsam überspannende «vierte Freiheit». Wenn – um beim Bild des Stroms zu bleiben – das «Fürchte dich nicht» das eine Ufer des die Jahrtausende durchströmenden Flusses des Wortes Gottes darstellt, ist diese «vierte Freiheit» das andere: nämlich Dankbarkeit.

Sie fegt alle Selbstverständlichkeiten hinweg und macht Leben und Natur, Talente, Eigenarten und Fähigkeiten zu etwas ganz und gar Besonderem. Überwundene Hindernisse, Durchbrüche, Erfolge, Lektionen, Kleines und Großes. die Schönheit der Welt, ein neuer Tag – nichts ist mehr selbstverständlich, sondern Gabe, Geschenk.

Der Abgrund in mir, die Fallstricke, die inneren Anlagen zu kleinem und großem Krieg – alles liegt offen zutage, und dennoch bin ich geliebt.

Nicht von Zufall, Schicksal und Gefühlen getrieben, nicht gewaltsam gefesselt an innere und äußere Bindungen, sondern frei, weil es einen Befreier gibt. Ein durch alles hindurch Heimkehrender, weil es eine Heimat gibt. Ein Liebender, weil ich Geliebter bin.

Wenn Gottesfurcht der Anfang der Erkenntnis ist, dann ist Dankbarkeit vielleicht ihre Vollendung. Oder anders gesagt: Wenn Gottesfurcht das Ende der Gottesangst ist, dann ist Dankbarkeit der Anfang der Gottesliebe, die sowohl im Geliebt-Werden als auch im Sich-lieben-Lassen des Menschen in der unauflöslichen Beziehung zu Gott Ereignis wird.

Dem Dankbaren, der mit leeren Händen vor Gott steht, und der alles, was er hat und was er ist, aus der «guten und geliebten Hand»[59] des Einen als Geschenk und Erbe empfängt, sind die bequeme Positionierung und die Bunkerdenke der angeblich so Wahl-Losen, der Verantwortungsverweigerer, der Wehleidigen und Selbstmitleidigen verwehrt. Er ist als erste Ursache mitten in die Zone der Verantwortung berufen: in den perspektivischen Mittelpunkt der Welt als Forum seines Handelns. Und damit an die vorderste Front, ins volle Leben. Im Wissen, dass er auf dem Fundament steht, das Gott selber gelegt hat – *dem Fundament, das Gott ist.*

Nur wer zu danken gelernt hat, lebt als Befreiter.[60]

Dies alles zusammen aber ist der krassestmögliche Gegenentwurf zum Zeitgeist des Opferadels, welcher Mankos, Benachteiligung und größtmögliche Bedürftigkeit zum Ideal erklärt, dessen Lebensliebe sich in Ansprüchen und im Fingerzeig auf andere und auf die Welt erschöpft und dessen tiefste innerste Haltung dem Leben und der Welt gegenüber im Grunde nur eines sein kann: Neid, der sich aus Unzufriedenheit speist – dem Inbegriff der Unfreiheit.

Geliebt, verstanden – und am Ziel erwartet

An dieser Stelle haben wir jetzt eine Idee, was unter dem Begriff der fälschlicherweise «humanistisch» genannten Freiheit zu verstehen ist und was die Bibel darunter versteht. Erstere ist im Grunde nichts anderes als die Freiheit von dem, was Marx die «Erweiterung des menschlichen Stoffwechsels» nennt, nämlich die Illusion von der Befreiung von Produktion und Konsum hin zum Versorgt- und Gefüttert-Werden. Diese Lehre verheißt, dass erst diese Befreiung vom Notwendigen die Tür zum «Reich der Freiheit»[61] der Selbstergreifung und Selbstverwirklichung öffnet.

Dass es bisher nie dazu gekommen ist und dass die Tore zu besagtem Reich sich stets als Lager-Tore entpuppten, weil die Magie des Versorgens und Fütterns sich immer und in jedem Fall in die Magie von Zwangsarbeit und Rationierung verwandelt hat, wird dabei auch heute wieder unterschlagen.

Die Bibel baut im Gegensatz dazu nicht auf Utopien, Illusionen, Betrug und Selbstbetrug. Sie befreit vielmehr davon. Sie sagt:

Der Mensch ist nicht gut, und sein Leben ist hart, schmerzhaft und traumatisierend. Punkt. Nichts befreit ihn von der Wirklichkeit dieser Härte, von der Arbeit, von der Anstrengung, den Risiken, den Fehlern, Fehltritten und vor Situationen, in denen alles sich knüppeldick vor einem ballt. Es gibt keine Garantien dafür, nicht zu scheitern, nicht zu verletzen oder nicht verletzt zu werden. Aber das Wort Gottes garantiert und versichert, dass der Mensch in all dem nicht ins Nichts geworfen ist, sondern getragen.

Mehr noch, dieses Wort versichert, dass er erwartet wird und ein Ziel vor sich hat. Dass nicht die Welt und nicht andere Menschen und nicht der Abgrund im eigenen Innern das letzte Wort haben werden, sondern der, der alle Mauern um des Menschen und um seiner Liebe zum Menschen willen durchbrochen und damit jeder Welt- und Lebensfurcht ihren Stachel gezogen hat.

Kurz: Die Bibel garantiert innerste und äußerste Freiheit in der Tatsache, dass der Mensch unendlich verstanden wird, weil er unendlich geliebt ist.

Kapitel 6:
Nur Individuen handeln

Aufgrund dessen, was wir bis hierher über das Person-Sein und über die Freiheit erfahren haben, ist das Grundlegendste bereits klar erkennbar: Die Handlung eines Menschen hat nur dann einen moralischen Wert[62] und ist nur in dem Fall für unsere Ausgangsfrage («Was sollen wir tun?») relevant, wenn sie auf einer freien persönlichen Entscheidung fußt.

Handeln ist also an ein «Ich» und damit an unteilbare Verantwortung geknüpfte, praktizierte Freiheit. Oder anders gesagt: Nur Individuen handeln. Ein «Wir» handelt ebenso wenig, wie ein «Wir» frei oder verantwortlich sein kann. Gruppen jeder Art, eine Partei, eine Organisation, ein Volk – sie handeln nicht als Kollektiv, nicht als einstimmige Vielheit. Es sind Individuen, die bestenfalls gemeinsam handeln.

Im Rahmen eines solchen gemeinsamen und demselben Zweck dienenden Handelns hat aber jeder selber die Entscheidung getroffen, so und nicht anders zu handeln; jeder hat andere Motive und agiert für sich. Eine friedliche Demonstration beispielsweise gründet auf dem Friedlich-Sein Einzelner und nicht auf einem herbeidelirierten «kollektiven Frieden».

Ohne Ziel läuft gar nichts

Damit wird eine weitere und seit jeher anerkannte Tatsache klar: Jedes Handeln ist an ein Ziel gebunden. Der Mensch handelt immer und überall und ausschließlich deshalb, weil er damit etwas erreichen will:

Ich esse, weil ich satt sein will. Ich lese Nachrichten, weil ich informiert sein will. Ich arbeite hart, um ein finanzielles Auskommen zu haben. Ich verzichte darauf, mein Geld auszugeben, um Vermögen aufzubauen, finanzielle Sicherheit zu haben oder Investitionen zu tätigen. Ich arbeite mehr und länger als andere, um besser zu sein und weiter zu kommen. Ich liege auf der faulen Haut um der Bequemlichkeit willen. Ich gehe aus, um Spaß zu haben. Ich behalte meine Meinung für mich, um Konflikten auszuweichen. Ich bleibe zu Hause, um nicht gegen das Ausgehverbot zu verstoßen und bestraft zu werden. Ich putze mein Haus, um in einem schönen Umfeld zu leben. Ich gehe früh zu Bett, um mich zu erholen und ausgeruht zu sein. Ich besuche eine Nachbarin, um ihr über eine schwere Zeit hinwegzuhelfen.

Damit wird zweierlei klar. Erstens: Ohne ein Ziel gibt es keinen Grund zu handeln. Für niemanden. Der Mensch, dem sich kein Ziel erschließt, ist unvermeidlichen Schicksalskräften ausgeliefert. Zweitens: Sowohl Tun als auch Dulden, Gehorchen und Unterlassen sind Handeln.

Handeln bedeutet also in jedem Fall bewusst gestaltete Zukunft. Egal, ob diese in fünf Minuten oder in zehn Jahren stattfindet.

Diese Definition menschlichen Handelns macht klar, dass allem Handeln eine Wahl zugrunde liegt. Mehr noch: dass Handeln in jedem Stadium der Handlung *ein Wählen ist*. Zuerst wähle ich zwischen den Zielen «schöne Wohnung» und «Schweinestall», dann wähle ich die Mittel, die Technik, den Zeitpunkt, die Fristen, die Orte zur Erreichung meines Ziels. «Im Wählen fallen alle menschlichen Entscheidungen», schreibt Ludwig von Mises. Und weiter: «Jedes Handeln ist daher zugleich ein Nehmen und ein Verzichten.»[63]

Wenn ich die saubere Wohnung wähle, dann verzichte ich damit gleichzeitig darauf, faul rumzuliegen und mir einen schönen Lenz zu machen, und entscheide, meine Zeit und Kraft stattdessen ins Putzen zu investieren. Wenn ich ausgehe und die ganze Nacht Party mache, dann verzichte ich darauf, zu schlafen und am nächsten Tag ausgeruht zu sein.

Wer schlecht wählt, investiert schlecht

Hier liegt also nicht weniger als der Urgrund dessen, was man als das «Opferprinzip» bezeichnen könnte: Ich opfere etwas beziehungsweise verzichte auf etwas, um dafür etwas anderes zu erreichen. Es ist das Prinzip von Investition und Ertrag, von Leistung und Lohn.

Man investiert etwas – Geld, Zeit, Wissen, Energie, Emotionen, Kraft –, um vom aktuellen Zustand A zum zukünftigen Zustand B zu gelangen. Man opfert gegenwärtig Vorhandenes für zukünftig Erwünschtes. Kurz: Man opfert Gegenwart für Zukunft.

Es liegt nun auf der Hand, dass es qualitative Unterschiede zwischen den verschiedenen Opfern gibt. Eine Unterscheidung zwischen dem, was man als «Lusthandeln», und dem, was man als «Leidenshandeln» bezeichnen könnte, macht daher Sinn. Während Ersteres – egal ob Tun, Dulden oder Unterlassen – ein Handeln ist, das ausschließlich auf kurzfristigen Lustgewinn fokussiert und dessen Wählen, Verzichten und Tun kein schmerzhaftes oder kostenintensives ist, ist Letzteres gerade ein kurzfristiger Lust*verzicht* und das Wählen also ein *Überwinden* des Lust fordernden Teils des Ichs.

Damit wird klar, welch tiefe Bedeutung dem Handeln im Sinn einer bewussten Wahl zukommt. Wer schlecht wählt oder sich vor der Wahl drückt, investiert schlecht, opfert nichts oder das

Falsche und ist am Ende stets der Geprellte – *der von sich selbst Geprellte*. Verlust und/oder negative Emotionen bis hin zu Verbitterung, Neid, Ressentiments und Frustration sind das Resultat.

Buchstäblich den Vater geopfert

Während der jüngere Sohn im Gleichnis eine Wahl trifft und buchstäblich den Vater opfert – die Beziehung, das Vaterhaus, das Erbe –, um seiner Idee von Freiheit entsprechend zu leben, scheint der ältere Sohn nicht zu wählen. Er bleibt nicht zu Hause, weil er sich bewusst dafür entscheidet, sondern weil «man» das so tut.

Der Jüngere verliert aufgrund permanent schlechten Wählens bekanntlich alles und landet am Schweinetrog der Fremde. Der Ältere bleibt zu Hause, arbeitet, tut seine Pflicht. Ihm gehört alles, was dem Vater gehört, und trotzdem wird er seines Lebens offenbar nicht froh. Im Gegenteil:

Als der Jüngere heimkehrt, der Vater ihn aufnimmt, ihn kleidet und ein Freudenfest ausrichtet, brechen Bitterkeit, Neid und das Opfergehabe eines Menschen zutage, der glaubt, keine Wahl gehabt zu haben, während er diese aber in Wahrheit nur nicht getroffen oder anderen überlassen hat.

Kurzfristig hat der Ältere so zwar Leid vermieden, indem er sich dem schmerzhaften Prozess entzog, zwischen dem Vater und neuen Bekanntschaften, zwischen der Heimat und der Fremde, zwischen dem Alltag des Vaterhauses und dem Abenteuer zu wählen und damit auf etwas zu verzichten.

Langfristig aber entfaltet solches Nicht-Wählen die Wirkung einer unbehandelten Wunde: Sie schmerzt, entzündet sich und vergiftet am Ende den ganzen Menschen, sein Leben und sein Umfeld. Nicht die Umstände, die Verhältnisse oder andere Gegebenheiten sind das Gift – allein der Umstand, eine Wahl zu haben und sich davor zu drücken, sie auch wirklich zu treffen, sind es. Die eingeredete Ohnmacht, die in gröbstem Selbstbetrug gelebte Alternativlosigkeit, sie machen Menschen zu Opfern ihrer selbst.

Der einzig gültige Schluss, der sich daraus ziehen lässt, ist der folgende: Wer eine Wahl hat, ist kein Opfer. Nie.

Wer eine Wahl hat, dem verbietet sich jedes Selbstmitleid. Denn: Wer eine Wahl hat, hat die Möglichkeit, Täter zu sein im positiven Sinn. Weil Wählen immer auch Diskriminieren, Zurücksetzen und Übergehen bedeutet. Wer A wählt und also bevorzugt, diskriminiert B. Egal, ob es dabei um Tätigkeiten, Menschen oder Dinge geht. Wer aber in der Lage ist, zu bevorzugen und zu diskriminieren, dem ist der Weg ins Opfer-Sein verwehrt.

Im Umkehrschluss heißt das aber auch: Wer Diskriminierung per se als böse darstellt, stellt im Grunde das Wählen und damit das Handeln selbst als böse dar, weil Handeln immer Diskriminierung bedeutet.

Die Übereinstimmung mit dem, was ist

Zur inneren Struktur jedes bewussten Handelns gehört aber auch das Denken. Mehr noch: Denken *ist* bereits ein Handeln, so gewiss auch dem Denken das Prinzip von Ursache und Wirkung zugrunde liegt, ohne die jedes Denken unsinnig ist – und so gewiss die Neurologie heute auch beweisen kann, dass Gedanken in dem Sinn reale Dinge sind, dass sie den Körper vom Gehirn bis hin zu den Genen real zu verändern vermögen.

Damit kommen wir aber zu einer weiteren Komponente des Handelns: zum Konzept der Wahrheit im Sinn der Übereinstimmung mit formulierbaren Tatsachen – also mit dem, was ist. Genauso, wie Kausalität ein grundlegendes, universelles und unleugbares Axiom allen menschlichen Handelns ist, ist es die Existenz von Wahrheit für das Denken und also für das Handeln.

Jede Idee, jede Beziehung, jeder Glaube, jede Tatsache, jedes Argument, jede Unterhaltung und jeder Gedanke setzt voraus, dass es so etwas wie Wahrheit gibt. Oder anders gesagt: Der menschliche Verstand funktioniert ohne das Konzept von Wahrheit nicht. Es macht keinen Sinn, zu denken: «Das Gras ist grün», wenn nicht gilt, dass «Gras» und «grün» Tatsachen und also Wahrheit sind.

Im Umkehrschluss gilt damit aber: Wo Denken und damit Wahrheit nicht zur Kategorie des Handelns und zur Kategorie unteilbarer Verantwortlichkeit gehören, kann von bewusstem Handeln nicht die Rede sein, sondern muss von subjektivem und willkürlichem Getrieben-Sein gesprochen werden.

Handeln basiert also ebenso auf dem Konzept der Wahrheit wie auf dem Prinzip von Ursache und Wirkung und ist somit nicht nur das Resultat *einer* Wahl, sondern ein Vorgang *permanenten Wählens* und damit Diskriminierens.

Nur in einer Welt, in der der Mensch Wahrheit und Kausalbeziehungen zu entdecken vermag und wo der Anreiz vom «Ist» zum «Soll» antreibende Wirkung entfalten kann, macht Handeln überhaupt Sinn. Ohne diese bewusst wahrgenommene und einbezogene Kausalität zwischen dem Zustand der Gegenwart und jenem der Zukunft, und ohne die Möglichkeit der Wahl, ist Handeln nicht Handeln, sondern Verhalten. Ein Stein, der fällt, verhält sich in Funktion von Masse und Schwerkraft. Niemandem würde es in den Sinn kommen, den Stein bei diesem Vorgang als Handelnden zu bezeichnen.

An diesem Punkt, an dem man Klarheit über die Tragweite und das Gewicht dessen gewonnen hat, was bewusstes Handeln bedeutet, wird ein weiterer Aspekt des «handelnden Menschen» deutlich:

Wer handelt und also wählt, ist verantwortlich für die Zukunft, die er damit erschafft. Wem eine Wahl offensteht, hat den Preis dieser Wahl zu berappen und hat das Recht, die Früchte dieser Wahl zu ernten. Wer handelt, dem «gehört» diese Zukunft. Im Guten ebenso wie im Schlechten.

Lusthandeln versus Leidenshandeln

Legt man diese Definition von Handeln zugrunde, dann ist es meiner Meinung nach nicht übertrieben zu sagen: Freiwilliges Handeln im Sinn eines Tuns, eines Duldens oder eines Unterlassens ist gegen außen getragenes Person-Sein und damit sichtbare Wirkung und Kern des Menschseins.

Im Umkehrschluss bedeutet das aber auch: Wer permanent im Namen einer wie auch immer gearteten Moral an den jedem Handeln zugrunde liegenden Kausalitäten von Leistung und Lohn, Investition und Ertrag, Opfer und Segen herumwerkelt, sie aushebelt und umdeutet, werkelt am Menschen und seinem Person-Sein selbst herum. Er entzieht ihm nicht weniger als den Grund zu handeln und legt damit offen, dass er keine Menschen im Sinn freier Entscheidungs- und Verantwortungsträger will, sondern bloß sich verhaltende Wesen – Steine, die fallen, wenn man sie schubst.

Die #WirBleibenZuhause-Kampagne der deutschen Bundesregierung spricht Bände: Nicht-Handelnde sind die neuen Helden.

Damit gelangen wir aber zum tiefsten und innersten Kern dessen, was via Meinungsindustrie seit Jahrzehnten und heute mit zunehmendem Nachdruck gefördert wird: Dem Menschen wird nicht das Handeln an sich, aber das «Leidenshandeln» madig gemacht und ausgetrieben – und damit der wichtigste Teil seines Menschseins schlechthin.

Wie geschieht das? Es geschieht erstens dadurch, dass der Fokus von Seiten der Meinungsindustrie ausschließlich auf das «Lusthandeln» gelegt und dieses wiederum als ein von persönlicher Verantwortung befreiter Bereich behandelt wird. Solches Handeln, das ausschließlich dem in der Regel kurzfristigen Lustgewinn dient – egal ob körperlich oder mental –, wird, wie wir gesehen haben, vermehrt zum «Recht auf» umgedeutet und damit zu etwas gemacht, das vom Leben selbst geliefert und bereitgestellt werden und nicht etwa selbst erarbeitet, erspart und erlitten werden muss und für dessen Konsequenzen der Einzelne nicht mehr zwingend verantwortlich ist.

Wer Lust hat, eine Familie zu gründen, und Kinder in die Welt setzt, kann sich jederzeit, wenn Romantik, Hormone und Sentimentalitäten ihre Kickwirkung verloren haben, trennen und fordern, dass gefälligst für den Nachwuchs zu sorgen sei. Wer Arbeit vermeidet, nur vor dem Fernseher liegt und 145 Kilogramm wiegt, kann auf seine «bildungsferne» Herkunft, «kommunikative Barrieren» oder Diskriminierung am Arbeitsmarkt hinweisen und wird gefüttert und medizinisch versorgt. Und wer aus Frust und affektgetrieben Eigentum zerstört, raubt, brandschatzt, mordet und ganze Straßenzüge niederbrennt, der kann, wenn er sich auf seine Hautfarbe, auf seine Benachteiligung und sein Trauma beruft, damit rechnen, nicht etwa zur Rechenschaft gezogen, sondern als Aktivist für ein gerechtes Zusammenleben gefeiert zu werden.

Zweitens geschieht es dadurch, dass den Menschen unter dem Schlagwort der «Anti-Diskriminierung» ununterbrochen eingehämmert wird, Diskriminierung sei das Böse schlechthin. Wir haben aber gesehen, dass Handeln permanentes Wählen ist – und Wählen wiederum permanentes Diskriminieren beziehungsweise Bevorzugen und Ablehnen. Das heißt im Umkehrschluss: Wer nicht diskriminiert, der wählt nicht; und wer nicht wählt, der handelt nicht.

Man hält den Mund und handelt nicht

Heute sind wir so weit, dass die Menschen aus Angst, jemanden oder etwas zu diskriminieren, regelrecht vor einer Wahl – und basiere sie auf noch so rationalen Kriterien – und also vor dem Handeln zurückschrecken.

Nicht nur bei der Äußerung von Meinungen, sondern auch in ganz realen Situationen: Im Zweifelsfall hält man den Mund oder nickt die Bevorzugung – denn nichts anderes ist das Gegenstück zur Diskriminierung – einer Person, einer Kultur, eines Handelns, eines Geschlechts oder einer Institution stumm ab und hält sich ansonsten fern.

Das geht so weit, dass Vermieter ihre Wohnungen lieber leer stehen lassen, als sie an die vorgeblich «richtigen Leute» zu vermieten, dass Stellen unbesetzt bleiben, um nicht die vorgeblich «richtige Person» einstellen zu müssen, und dass Schulklassen bildungsmäßig im Leerlauf drehen, um nicht die Schlusslichter zu überfordern.

Und drittens wird dem Menschen das Leidenshandeln schließlich dadurch madig gemacht, dass man die Kausalität Leistung-Lohn auseinandernimmt und sowohl Leistung als auch Lohn als voneinander getrennte und nicht in Zusammenhang stehende Dinge betrachtet und neu deutet.

Lohn im Sinn von Ertrag, Profit, Erfolg – nicht nur monetär – wird nicht länger als Resultat großer Leistung, großen Risikos und großer Verantwortung, sondern als Resultat von Machtausübung, Unterdrückung und Gaunerei gedeutet.

Und Leistung im Umkehrschluss ist nicht länger harte Arbeit,

Wagnis und freiwillig übernommene Verpflichtung, sondern das, was einer fühlt und wünscht und fordert und was dann auch zu Lohn – hier aber interessanterweise ausschließlich monetär – berechtigt.

Klingt das absurd? Das ist es auch. Aber genau darauf, im *Auseinanderreißen* und *Neu-Deuten* dieser seit jeher aufeinander bezogenen Größen von Leistung und Lohn, Investition und Ertrag, Opfer und Segen basiert nicht weniger als der größte Teil dessen, was sich heute Politik nennt: Bildungspolitik, Geldpolitik, Wirtschaftspolitik, Sozialpolitik, Klimapolitik und so weiter und so fort.

Zu glauben, dies sei nur ein bedauerlicher Irrtum, quasi ein Kollateralschaden des Sozialen, Fortschrittlichen und Gutgemeinten, ist in Anbetracht von Konsequenz, Kadenz und Konstanz, mit der diese «Agenda» verfolgt wird, bestenfalls naiv.

Eine neue Gesellschaftsordnung

Was hier geschieht, ist nichts anderes als die Implementierung eines neuen Menschen in einer neuen Gesellschaftsordnung, die nicht länger auf Individuen mit individuellen Handlungsmotiven, individuellen Handlungschancen und Verantwortlichkeiten beruht, sondern ausschließlich auf der Zugehörigkeit zu einer Gruppe, die entweder als «Täter» oder als «Opfer» identifiziert wird. Dabei gilt: Täter-Sein ist zu vermeiden, Opfer-Sein ist eine Tugend. Die Zugehörigkeit muss indes nicht auf Fakten beruhen – wie könnte sie das auch? –, sondern ausschließlich auf Meinung und Gefühl.

Dass – wunderbare Ironie! – auch hier noch, wenn auch in verkehrter und pervertierter Form, das vordergründig verteufelte Ursache-Wirkungs-Prinzip von Lohn und Leistung Gültigkeit hat, weil Menschen eben Menschen und Anreize immer Anreize bleiben, und dass hinter der Selbst- oder Fremdzuordnung zu einer der beiden Gruppen knallhartes Kalkül steckt, wird unterschlagen.

Aber Tatsache ist: Der Wettbewerb wird nicht abgeschafft, sondern bloß auf andere Kriterien ausgerichtet: Nicht Leistung zählt, sondern der Opfergrad. Wenn «das Siegen des am besten Angepassten» in einem gesunden Wettbewerbsumfeld an reale Kompetenzen, Leistungen und die Fähigkeit gebunden ist, Herausforderungen zu meistern, ist heute jener der am besten Angepasste, der die Kunst der Selbst-Degradierung am besten beherrscht. Und während bisher der Grundsatz galt, die Nachfrage nach einzelnen Produkten müsse proaktiv geweckt werden und die Konkurrenz dann durch bessere Produkte, technologischen Fortschritt und Kostensenkungen in starker Korrelation zur Nachfrage überflügelt werden, ist heute das Ausschalten der Konkurrenz das Gebot der Stunde, wobei «Ausschalten» gleichzusetzen ist mit Selbstverbiegung, Schmeichelei, Korruption, Verleumdung, Rufschädigung, Intrigen und Verrat.

Durststrecken eines Unternehmers? – Kein Thema!

Politische Maßnahmen werden mittlerweile unter den Schlagworten «Hilfe», «Inklusion» und «Integration» auf die «Opfer» ausgerichtet. Das gilt für Staaten ebenso wie für Unternehmen und Einzelpersonen. Was früher als verantwortungslos, opportunistisch, undiszipliniert, fahrlässig und – im Fall der Kunst – als hässlich galt, ist heute systemrelevant oder eben von den Verhältnissen, den Umständen oder gewissen Menschen unterdrückt und gehört also gefördert.

Konsequenterweise bedeutet das: Wer es schafft, Opfer zu sein und sich einer Opfergruppe anzuschließen, steht auf der nahrhaften Seite der Gesellschaft und kann auf einen bunten Strauß an

Geschenken und Unterstützung hoffen. Wer dies nicht schafft und nicht Politiker ist – oder mit der Politik nicht zumindest aufs Engste verbunden ist –, steht auf der dunklen Seite: Nach der Opfer-Täter-Deutung geht es ihm nur deshalb gut und ist er nur deshalb erfolgreich und vermögend, weil er entweder unverdient privilegiert ist und/oder Macht ausübt und andere unterdrückt.

Beides Gründe, ihm alles wegzunehmen.

Von den Durststrecken, die ein freier Unternehmer – egal ob Arzt, Handwerker, Künstler, IT-Fachmann, Bauunternehmer oder was auch immer – in Kauf nimmt, von dem jahrelangen Weg *along the Kartoffel*, von den schlaflosen Nächten unter der Last der Verantwortung, von den Momenten blanken Entsetzens angesichts des Risikos, vom Verzicht bis hin zur Entbehrung – davon ist nie die Rede. Er ist erfolgreich und reich und damit verdächtig.

Die Zersplitterung mündet in totaler Vereinzelung

Durch die Schubreserven sogenannter Krisen – seien es Umwelt-, Finanz- oder Gesundheitskrisen – sind wir so weit, dass buchstäblich *jeder* sich in irgendeinem Bereich als Opfer fühlen kann. Und jeder, der sich dem verweigert und auf sein Mensch- und Person-Sein im Modus der Selbstverantwortlichkeit beharrt, darf als Egoist, Extremist und Gefährder behandelt werden.

Die Zersplitterung ganzer Gesellschaften in Opfergruppen und Tätergruppen mündet so in die totale Vereinzelung. Denn wo *jeder* Opfer ist, ist am Ende auch jeder ein potenzieller Täter, und die angeblich erwünschte «soziale Gerechtigkeit» mündet im permanenten Kampf eines wirklichkeitsverleugnenden Gesinnungs-Kannibalismus.

Vom französischen Arzt, Pharmazeuten und Experimentalphysiologen Claude Bernard[64] stammt die Aussage, dass die Mikrobe nichts, der Nährboden hingegen alles sei. Gemeint ist damit, dass ein Mikroorganismus, sei es ein Pilz, ein Virus oder eine Bakterie, per se keinen Schaden anrichtet, es sei denn, er trifft auf einen Nährboden, auf dem er gedeihen und seine Wirkung entfalten kann.

Das gilt im übertragenen Sinn genauso für totalitäre Ideen: Aus sich selbst heraus würden sie wohl bei den meisten vernünftigen Menschen nicht viel mehr als ein Schulterzucken oder Kopfschütteln auslösen. Fallen sie aber auf den präparierten Nährboden von Verantwortungslosigkeit, Missgunst und Misstrauen, dann fassen sie nicht nur Fuß, sondern beginnen sofort zu wuchern und ersticken mit der Zeit alles: zuerst jede Redlichkeit, in der Folge das Vertrauen, dann die Menschlichkeit und am Ende den Menschen selbst.

Oder anders gesagt: Am Anfang steht immer die Tatsache, dass der Mensch nicht «Ich» zu sich sagt, sondern ein Drittes sucht, dem er die Verantwortung «anhängen» kann. Es folgen Neid und Vertrauensverlust – und erst dann die Diktatur: sobald aus einer Gemeinschaft verantwortlicher und sich gegenseitig vertrauender Menschen eine Gesellschaft von Judassen geworden ist. Sie könnte schlicht nicht entstehen und sich verfestigen ohne diesen Nährboden, auf dem Betrug und Verrat gedeihen und wo nach Wahrheit nicht mehr gefragt wird.

Kollektive Sattheit als Stange

Zusammenfassend bleibt festzustellen: Wie schon im Fall des Personen- und Freiheitsbegriffs endet auch hier das vordergründig Humanistische und Soziale nicht in der angeblich anvisierten Allgerechtigkeit, in welcher der Mensch sich dann selbst und auf diverseste Art frei erfassen und erschaffen könnte, sondern im asozialen und damit gerade posthumanistischen Hickhack einer biologistischen, auf Geburtseigenschaften oder Umweltfaktoren fokussierten und damit im Kern den Menschen verachtenden Doktrin.

Vor allem aber nimmt es ihm durch das Versprechen materieller Sorglosigkeit und Glückseligkeit gerade die Chance auf Glück. «Denn vielleicht liebt der Mensch nicht allein die Glückseligkeit? Vielleicht liebt er in gleichem Maße auch das Leiden? Vielleicht ist für ihn das Leiden ebenso vorteilhaft wie die Glückseligkeit?»[65], schrieb Dostojewski. Und er hatte recht:

Wer den Menschen von den Anstrengungen, den Risiken, den Gefahren – dem Leiden des Wegs zum Ziel – befreit, ihn in den «Kristallpalast» der Allversorgung pfercht, nimmt ihm die Möglichkeit, nach eigenem Vermögen zu reüssieren und zu scheitern. Gleichzeitig befreit er ihn damit vom Glück und der Erfüllung des Überwindens – auch und gerade seiner selbst –, des Hindurchbrechens, des Fallens und wieder Aufstehens und sperrt ihn hinter die Mauern von Sinnleere, Überdruss und Langeweile.

Der rundum beglückte Mensch wird für die Rundumversorgung nicht dankbar sein und schon gar nicht glücklich damit. Er wird unzufrieden, schlägt um sich und wird sich früher oder später daranmachen, die kristallenen Mauern mit Gewalt zu zertrümmern, um sich wieder als Mensch, als frei wollender, frei handelnder Mensch zu fühlen – auch und gerade in seinen Irrtümern und seinem Leiden. Weil es *seine* Irrtümer sind und *sein* Leiden, auf *seinem* Weg, zu *seinem* Ziel – und nicht die fade Brühe von Prêt-à-porter-Glück und kollektiver Sattheit ab Stange.

Dass dies den Tatsachen entspricht, lässt sich nicht nur in den Geschichtsbüchern nachprüfen, sondern auch im Gespräch mit rundumversorgten Menschen unserer Zeit. Nirgends findet man so viel Bitterkeit, Unzufriedenheit, Streit, Dummheiten und grobe Fahrlässigkeiten bis hin zur Lebensgefährdung wie im Leben von Leuten, die sich zum Stallvieh degradieren lassen. Ich kenne persönlich keinen Langzeit-Sozialhilfeempfänger, den ich je hätte sagen hören, er hätte ein erfülltes Leben.

Es handelt sich dabei aber um eine von jenen Wahrheiten, die nicht sein dürfen, die man unter dem Deckel zu halten wünscht und die deshalb unter dem konzentrierten Beschuss des Schweigens der Meinungsindustrie stehen. Es ergeht ihr wie allen anderen Wahrheiten, die den gängigen Narrativen entgegenlaufen: Sie gelten bestenfalls als naiv, eher aber als verletzend, arrogant, chauvinistisch und elitär. Sie traumatisieren die Betroffenen und machen sie zu Opfern, heißt es.

Weil man aber Opfer angeblich vermeiden will, während man sie in der politischen Praxis regelrecht heranzieht, ist es nur konsequent, alles, was nach solch unerwünschter Wahrheit klingt, zu vermeiden.

Am besten gelingt dies, indem man sie unterschlägt, sie verunglimpft und jede auf ihr fußende Einnahme eines festen Standpunktes als grundsätzlich verdächtig brandmarkt. Als Wahrheitsersatz dienen Befindlichkeiten, aufgestellte Nackenhaare und wissenschaftliche Dichtung, die zum Dogma erhoben wird.

Naivität, Geschichtsblindheit oder Ignoranz

Was dies alles für das Denken und in der Folge für das Handeln bedeutet, ist klar: «Richtiges» Denken ist Nicht-Denken, die «richtige» Meinung ist keine Meinung, «richtiges» Handeln ist Nicht-Handeln. Ein guter Mensch ist ein passiver Mensch, der sein Handeln auf den vorgegebenen Ritus, sein Denken auf das vorgedruckte Bekenntnis reduziert und ansonsten die Klappe hält.

Es erfordert meiner Meinung nach ein ungeheures Maß an gutem Willen, an Naivität, an Geschichtsblindheit oder an Ignoranz, an das Gutmeinende einer Politik zu glauben, die mit ihren

Maßnahmen und unter dem Stichwort «Opferschutz» – der sich freilich als Opferproduktion und als die Total-Veropferung der Gesellschaft entpuppt – einen Nährboden aus Abhängigkeit, Unsicherheit, Angst, Missgunst und Misstrauen (Spaltung) anlegt.

Und die damit das möglich macht, was Marx den von Niedertracht und Neid geprägten «rohen Kommunismus» nannte und als notwendigen Zwischenschritt zur Erreichung des wahren Kommunismus betrachtete.

Handeln vor Gott

Um beim Bild des Nährbodens des Misstrauens zu bleiben, auf dem totalitäre Ideen erblühen, kann man im Umkehrschluss sagen: Eine Lehre, die von sich behauptet, sie sei der Weg zu wahrer Freiheit, muss im hundertprozentigen Widerspruch zum oben geschilderten Zeitgeist stehen und auf dem Menschen als zu jedem Zeitpunkt seines Lebens in der Verantwortung stehendem Wesen beharren.

Oder anders gesagt: Wenn Misstrauen den Verlust der Freiheit zur Folge hat, indem es das Leben innerhalb einer Gemeinschaft zum Aufmarschgebiet der Sturmtruppen von moralisch und gesinnungsmässig «besseren Menschen» macht, dann kann der Nährboden für die Freiheit und also der Nährboden, zu dem Gottes Wort zu führen verheißt, nur eines sein: Vertrauen.

Tiefstes, Grund legendes Vertrauen.

Vertrauen darauf, dass einem seine Mitmenschen prinzipiell wohl- oder neutral gesinnt sind und einem weder nach dem Leben trachten noch anderweitig böswillig schaden wollen. Vertrauen darauf, dass andere die Wahrheit sagen und jedes Handeln sich nach der Wahrheit und also dem zu richten sucht, was ist.

Vertrauen darauf, dass andere respektieren und nicht antasten, was man errungen hat und was einem gehört. Vertrauen darauf, dass einer zu seinem Wort steht; dass ein Ja ein Ja und ein Nein ein Nein bleibt – im Geschäft ebenso wie in der Ehe und in der Familie.

Kurz: Vertrauen darauf, nicht belogen, betrogen, hintergangen, verraten und zum Zweck anderer gemacht zu werden – nie. Auch nicht unter dem Vorwand der Moral, der Gerechtigkeit, der Gesundheit, der Solidarität oder der Fürsorge.

Die Zehn Gebote als Schutzklauseln

Das sind in verkürzter Form die biblischen Zehn Gebote. Die göttlichen «Du sollst»-Aussagen entpuppen sich damit nicht als Fremdgesetz, als Verbote, Schikane des Einzelnen und gängelnde Einschränkungen von Freiheit, als die sie gerne wahrgenommen werden und die mit dem mündigen Menschen nicht in Einklang zu bringen seien – sondern als etwas vollkommen anderes: als Schutzklauseln. Schutz des Menschen vor sich selbst durch falsches Handeln; und Schutz vor dem falschen Handeln anderer.

Durch diese Schutzfunktion werden sie zu einem Fundament echten, da auf Tatsachen und Wahrheit basierenden Vertrauens, auf dem gelebt und gearbeitet werden kann. Wo sie ihre Wirkung entfalten, sind sie eine klare Absage an die Unfreiheit der Fesseln permanenten Zweifels in Bezug auf die Redlichkeit und Aufrichtigkeit der Mitmenschen.

Die Frage, die sich hier sofort stellt, ist nun die: Warum braucht es denn Gott, warum Christus, wenn Verratsverzicht und Vertrauensbildung doch Ziele sind, die anzustreben sich als Gegenentwurf zu Misstrauen und Unfreiheit jedem vernünftigen Menschen erschließen?

Oder anders gefragt: Ist solches Handeln nicht einfach Handeln aus ethischer Humanität heraus, eine Frage der Gesinnung und des Willens und auch ganz ohne Gott zu bewerkstelligen?

Die Bibel lässt hier nur eine Antwort zu: Nein.

Dies aus den folgenden Gründen: Eine Gesinnung ist eine Aufgabe, derer der Mensch mächtig sein und die er aus sich selbst heraus bewältigen kann. Die Zehn Gebote fallen nicht in diese Kategorie. Wie auch? Wie könnte das biblische Liebesgebot, das Jesus als die Summe aller Gebote bezeichnet[66] und dem Luther in seiner Nachfolge alle anderen Gebote unterstellt, wie könnte das Gebot der Gottes- und Nächstenliebe eine Haltung, eine Frage des Willens sein und quasi auf Befehl erfolgen?

Wäre der Mensch dazu fähig, dann hätte er sich Gottes bemächtigt. Aber genau das ist nicht der Fall – genauso wenig, wie der Mensch Gott von sich aus erkennen kann, wie wir gesehen haben, kann er von sich aus die Gesinnung des «Gott Fürchtens und Liebens» ergreifen. Sie ist ihm nicht verfügbar.

Der Mensch kann nur dort und nur dann lieben, wo er sich geliebt weiß. Das Fürchten und Lieben Gottes ist also gerade keine Gesinnung, keine Haltung, die einer einnehmen könnte – sondern die Kehrseite und der Nachvollzug jener Liebe, die zuerst da war: der Liebe Gottes zum Menschen.

Die biblische Tatsache, dass Gott sich dem Menschen als Richtender und ihn Begnadigender, als seinerseits Liebender, als Vater und Befreier erweist, ist die einzig mögliche Grundlage von Gottesliebe und Gottesfurcht. Nicht aus unserer Gesinnung heraus, sondern aus einem neuen Existieren vor Gott, in welchem uns Gott zum Geliebten wird, streben wir das an, was das Leben und den Nächsten fördert. Nicht, weil wir plötzlich gut und edel sind, sondern weil wir Gott lieben und fürchten, deswegen lügen, verraten, betrügen, berauben, schädigen, hintergehen und unterjochen wir nicht.

Damit ist klar: Das biblische «Sollen» ist kein «Müssen», das der Mensch bewältigen könnte, und schon gar nicht Verbot, Bremse oder Schikane. Das biblische «Sollen» wird dem Gott zugewandten Menschen zum «Wollen», das sich in Freiheit seinen Neigungen widersetzt. Es sind Liebe und Dankbarkeit für die «erste Liebe», die zum Ereignis werden.

Die Existenz absoluter Wahrheit

Ein weiterer Grund dafür, dass die Zehn Gebote nicht bloß Haltung und eigene Initiative des sich selbst dazu Motivierenden sein können, ist jener, dass aus Sicht der Bibel die Wahrheit, die gleichsam das Fundament der Zehn Gebote bildet, ohne Gott ein Ding der Unmöglichkeit ist – und der Versuch, Wahrheit ohne Gott zu definieren, sinnlos. Gott als der Schöpfer all dessen, was es gibt, ist auch die Quelle aller Wahrheit und damit der Urgrund allen Vertrauens.

Die Existenz absoluter Wahrheit und ihre Untrennbarkeit mit der Person Gottes sind damit das grundlegendste Dogma eines biblischen Glaubens. Deshalb geht die Liebe zu Gott mit einer «glühenden Liebe für die Wahrheit»[67] einher. Leben, Ehe, Familie und Eigentum sind von Gott gegeben und damit Teil der feststehenden, beständigen und unveränderlichen Wahrheit. Es sind Stiftungen, deren Wurzeln nicht im Menschlichen gründen; keine Spaß- oder Gefühlsveranstaltungen, die dem Menschen je nach Laune, Hormonpegel und Nützlichkeit zur Verfügung stehen, sondern – auch sie – Einrichtungen zu seinem Schutz und zur Förderung des Lebens. Und wie das Leben selbst, sind auch sie Gabe und Aufgabe zugleich; Institution, Stand, Verpflichtung und damit auch Bürde.

Alle Wahrheit bezieht ihre Erhabenheit aus Gott als dem Schöpfer aller Dinge und damit als Quelle aller Wahrheit. Aller

Glanz und alles Glück, das das Leben selbst, Vater- und Mutterschaft, Eigentum und Ehe umgibt, ist Abglanz der ewigen Gemeinschaft, Vaterschaft und Eigentümerschaft dieses Gottes, von dem alle Gemeinschaft, alle Vaterschaft und alle Eigentümerschaft ihren Namen haben.

Damit gilt aber: Wo Gott, der Inbegriff und Geber aller Wahrheit, verworfen wird, entledigt man sich der Wahrheit schlechthin, und wo man sich der Wahrheit entledigt, herrschen Lüge und Misstrauen. Wer Vater und Mutter, der Ehe oder dem Eigentum anderer den Respekt versagt, versagt ihn Gott und umgekehrt: Wo Gott nicht die Ehre gegeben wird, wird sie früher oder später auch Vater, Mutter, Bruder und Schwester, Ehemann, Ehefrau, anderen Menschen und dem, was anderen gehört, versagt.

Wo dies aber zur Normalität wird, ist Vertrauen, ohne welches die Freiheit, die über Triebe hinausgeht, nicht denkbar ist, ein Ding der Unmöglichkeit.

Ungebremst zur Tyrannei und Anmaßung

Ein weiterer Grund, warum die Zehn Gebote nicht autonomes menschliches Motiv sind, sondern ohne Gott das Potenzial haben, anstatt in die Freiheit in die Knechtschaft zu führen, ist dieser:

Wer nicht Gott zum Primat erhebt, zum höchsten und zum letzten «Zweck», der tut es mit etwas anderem. Menschlichen Zielbildern von Weltverbesserung und Tugend-Idealen wohnt, wo sie nicht gebändigt werden und wie wir es auch heute wieder beobachten können, immer der Götze inne – und damit der Same des Totalitären.

Anders gesagt: Genauso wie im totalitären Klerikalismus erheben sich, wo die Möglichkeiten von Verantwortungsabgabe und

Macht locken und wo nicht Gott selber den Drang danach bremst, früher oder später Menschen über andere in der zum eigenen Nutzen vorgegaukelten oder echten Gewissheit und im Wahn, sie seien diesen Zielbildern näher als der Rest, hätten sie besser erkannt und verstanden, und es läge daher in ihrer Hand und sei ihr Recht oder ihre Pflicht, die anderen dahin zu führen – und sei es mit Zwang und Gewalt.

Solche Zielbilder, die Zehn Gebote eingeschlossen, werden ohne Gott zum Nährboden von Anmaßung, von Verachtung, von Misstrauen und Tyrannei. Deshalb sind vernunftbasierte Weltrettungs- und Menschheits-Erlösungs-Ideologien im Kern immer und ohne Ausnahme anti-biblisch und damit anti-göttlich. Sei es der Kommunismus, der offen im Kampf gegen Gott steht, oder sei es die Kirche, die das Wort Gottes und die Gebote oft zu einer Art seelischer Hungerspiele der Selbsterlösung pervertierte.

Das Beharren der Bibel auf dem transzendenten Charakter des Gesetzes Gottes verstellt dem Versuch, es zum rein vernünftigen und damit innerweltlichen Phänomen zu machen, den Weg und beschützt den Menschen vor der Anmaßung eines mörderischen und zerstörerischen Gotteswahns: «Wo gestern noch eine heilige Macht stand, [um] die nackten Mächte zu bändigen, da werden morgen nur die nackten Mächte stehen, die nichts mehr bändigt (…)»[68]

Der «Punkt Null» allumfassenden Vertrauens

Der Nährboden des Vertrauens, von dem die Bibel spricht, ist die Tatsache, dass es einen Gott gibt. Einen Schöpfergott all dessen, was ist, und damit die Quelle aller Wahrheit. Einen Gott, bei dem es kein Ansehen der Person gibt. Einen Gott, bei dem jeder Mensch dieselben Rechte und vor dem jeder Mensch dieselben

Pflichten hat, und dessen Existenz es verbietet, dass der Mensch es sich anmaßt, sich andere – und sei es aus noch so guten und sozialen Gründen – gottgleich untertan zu machen.

Und genau hier, sagt die Bibel, am «Punkt Null» allumfassender und absoluter Wahrheit und damit allen Vertrauens – hier vor Gott – beginnt sowohl der Bereich menschlicher Verantwortlichkeit als auch das göttliche Heilsgeschehen.

Die Bibel sagt nicht nur, der Mensch habe eine Wahl, sondern sie fordert ihn von allem Anfang an und immer wieder auf, zu wählen. Der Gott der Bibel redet den Menschen von Beginn an als «Du» an, und es ist dessen Aufgabe und Berufung, jederzeit «Ich» zu sagen, wenn es um sein «In der Welt sein» und sein Handeln geht. Nicht «der» oder «jene», nicht «die Verhältnisse» oder «die Umstände» – nein, *ich* bin es. Nur ich. In meiner Hand lag und liegt die Möglichkeit des jederzeitigen Wählens; die Möglichkeit, es so oder anders zu machen, Dinge zu verändern, zu verbessern oder zu beenden und Zukunft zu gestalten.

Die Bibel ist der göttliche Aufruf zu jener umfassenden, zwiefachen Verantwortlichkeit Gott und seinen Mitgeschöpfen gegenüber, auf deren Basis Vertrauen zwischen Menschen erst möglich wird: Nur dem, der für seine Sache geradesteht und sich allezeit an sein Wort und seine Versprechungen hält, können andere vertrauen. Nur wer Ja sagt und Ja meint, nur wer Nein sagt und Nein meint[69], ist auch einer, dem man sein Geschick in die Hände legt. Nur wer sich Tag für Tag und Jahr um Jahr bewährt in *tätiger* Treue, Verantwortlichkeit und im Einhalten seiner Zusagen, nur mit dem will und kann man zusammenarbeiten und zusammenleben.

Damit aber erteilt die Bibel jedem Gedanken an Opfertum in Bezug auf die Konsequenzen des eigenen Handelns und jedem

Versuch der Ent-Schuldigung eine Absage und wirft den Menschen in jeder Situation auf seine Entscheidungen, sein Wählen, seine Verantwortung und damit auf sich selbst zurück. Es gibt keine Ausreden, solange es Tag ist[70]. Auch dann nicht, wenn die Nacht kommt[71], wenn die Zeit des Wählens für den Menschen abläuft und es nicht länger eine Möglichkeit ist, Gott auszuweichen und sich vor seinem Zugriff zu schützen.

Die große Kausalität der Bibel

Wenn ich also sage, vor Gott *beginne* der Bereich menschlicher Verantwortlichkeit, dann ist das nicht die ganze Wahrheit. Diese lautet:

Hier beginnt und hier endet der Bereich menschlicher Verantwortlichkeit. Hier, vor Gott, trifft der Mensch die wichtigste und letzte Wahl seines Lebens und tritt damit in seine größte und sein ganzes Leben bestimmende Verantwortung hinein: die Verantwortung für die Wahl, sein «In der Welt sein» und sein «Aus der Welt gerufen werden» entweder in einer Gott bejahenden oder Gott leugnenden, in einer glaubenden oder nicht-glaubenden, einer Gott zugewandten oder von Gott abgewandten Weise zu vollziehen.

Hier liegt das, was man als die «große Kausalität» der Bibel bezeichnen könnte: Wer sich Gott zuwendet, hat volles Leben und Frieden[72]; wer in der Abgewandtheit des Sündenfalls verharrt, verfällt in Unruhe, in Unfrieden und irgendwann in Furcht. So gewiss die Bibel den Menschen permanent in die Wahl und das Handeln im Hier und Jetzt hineinstellt und damit eine andauernde Aufforderung zu Leistung, Investition und Opfer ist, so gewiss ist es doch diese eine Bezogenheit, die sie alle umfasst: Leistung, Investition und Opfer finden ihr Wurzelreich, ihren Grund und Boden, in einem festen Blick auf Gott, der sich nicht wandelt, in dem Vertrauen in seine allumfassende Wahrheit und in die unveränderbare Treue und ewige Gültigkeit seiner Zusagen – während ihnen mit Blick auf die Welt stets die menschliche Schwäche, Wankelmut und damit Zweifel, Unsicherheit und der Samen des Misstrauens innewohnen.

Damit mich hier niemand falsch versteht: Mit Blick auf Gott sind Schwächen, Wankelmut, Zweifel und Unsicherheiten nicht weg. Der Mensch ist Mensch und bleibt es auch. Er wird nicht besser oder gar gut mit Blick auf Gott. Der Unterschied liegt darin, dass die erwähnten Unsicherheiten für den, der auf Gott blickt, den Charakter eines «Vorletzten» erhalten, wo das «Letzte», das Geliebt- und Begnadigt-Sein im Leben und im Sterben, als Ereignis bereits alles andere und Hiesige überstrahlt und ihm die Kraft zum täglichen Vollzug der Wahrheit und des Sprungs in den Glauben hinein gibt.

Offenbarungsgeschehen

Das Bild bliebe aber auch jetzt noch unvollständig, wenn das Vor-Gott-Sein des Menschen sich auf menschliche Verantwortlichkeit beschränken würde. Denn dort, am selben Ort, vor Gott, wo die Verantwortlichkeit beginnt, da beginnt, wie gesagt, auch Gottes Offenbarungs- und Gnadengeschehen. Mehr noch: Es muss hier beginnen, oder es beginnt nie. Denn auch hierin ist die Bibel deutlich: In dem Maße, wie die Frage nach Gott eine freiwillige ist, ist sie bereits Offenbarungsgeschehen, so gewiss sie Wirkung des Heiligen Geistes ist.

Hier liegt der scheinbare Widerspruch und das Wunder, dass der Gott der Bibel kein Gott ist, der den Menschen mit Gewalt zur Suche und Hinwendung zwingt, kein Vater, der dem Sohn nachläuft in die Fremde, ihm die Meinung geigt und ihn nach Hause zerrt – und dass es doch ausschließlich die ausgestreckten

Arme des Vaters sind, die einen dazu bringen, die Frage nach ihm stellen zu wollen.

Anders gesagt: Der Mensch fragt nur deshalb nach Gott, weil Gott zuerst nach ihm fragt.

Der gefallene Mensch, dessen Natur es ist, im von Gott abgewandten Modus zu leben, will von sich aus nicht zu Gott kommen[73]. Mehr noch: Der Mensch will keinen Gott. Er will nichts über sich, keine absolute und allumfassende Wahrheit, keine Instanz letzter Rechenschaft. Der Glaube an den Schöpfer-, Richter- und Erlösergott ist seiner Vernunft eine Torheit[74]. Tausende Bücher sind geschrieben worden, um sein Gott-Sein zu leugnen und zu beweisen, was nicht existieren und nicht sein könne. Millionen von Stunden menschlicher Lebenszeit und Geisteskraft sind investiert worden, um zu töten, was nie gelebt habe.

Wenn einer also die Frage nach Gott und nach dem Frieden mit Gott stellt, dann ist er, sagt die Bibel – ob es ihm gefällt oder nicht – bereits Teil des Gnadenwirkens Gottes. Gott ist es, der ihn in das Fragen und Suchen hineinzieht[75]. Ob er diese Gnade an sich geschehen lässt, ob er sich der Wahrheit Gottes im Evangelium aussetzt, liegt bei ihm.

Treibende Kraft, offener Raum

Zusammenfassend kann festgehalten werden: Die Bibel als Wort Gottes und als «Buch des Menschen» ist auch das «Buch der Verantwortlichkeit», das den Einzelnen auf dem Grund zeitlos gültiger Kausalitäten – man denke an die mit Wenn-Dann-Aussagen prallvollen Bücher Mose, die Weisheiten und Sprüche Salomos, das Buch Jesus Sirach – in jedem Moment seines Lebens zum Handeln im Allgemeinen und zum richtigen, also auf Wahrheit fußenden Opfern, Verzichten, Investieren und Leisten im Speziellen auffordert.

Gehalten und umfasst jedoch wird alles von der einen großen Bezogenheit: jener des Menschen auf Gott. Wer sich Gott zuwendet und sich durch Christus in die neue Existenz vor Gott hineinziehen lässt, wählt und handelt im Schatten und unter dem Schirm[76] des Schöpfergottes und also im vollkommenen Vertrauen in die ewige Ordnung und Wahrheit Gottes. Es ist der Ort innersten Friedens und damit der Ort wahrer Freiheit: treibende Kraft, offener Raum und freiwillig getragene Bürde – im Leben ebenso wie im Tod.

Aus dem gegebenen und allen Menschen gemeinsamen Handeln *vor* Gott wird ein Handeln *für* Gott.

Kapitel 7:
Was sollen wir tun?

Das ist die Frage, die am Ausgangspunkt dieses Texts steht. Was sollen wir tun, um heute, morgen, übermorgen und in zehn Jahren in einer Gemeinschaft gut und in Frieden miteinander leben und arbeiten zu können? Indem wir nun aus den verschiedenen Blickwinkeln ein Bild davon haben, wer «Wir» sind, was Freiheit und also ein freiwilliges «Sollen» bedeutet und was das «Tun» beinhaltet, wofür also Zeitgeist und Meinungsindustrie werben und wofür die Bibel steht, haben wir die Basis geschaffen, um nach dem «Was» zu fragen:

Was sollen wir tun? Was ist die richtige, da langfristig tragende und das Leben und Zusammenleben fördernde Ordnung? Wovon sagen Politik und mit ihr verbundene Konzerne, Medien, Bildungsinstitutionen, Zivilgesellschaft, Kirchen und nicht zuletzt die lautesten Gruppierungen innerhalb der Gesellschaft, dass es eine gute Ordnung sei? Und was sagt die Bibel?

Religion der Unsicherheit

Wir haben gesehen, dass das, was sich heute ein humanistisches Welt- und Menschenbild nennt, mit dem Humanismus nur noch den Namen gemein hat, aber im Kern sein Gegenteil ist. Es läuft allem humanistischen Vokabular zum Trotz auf die Abschaffung all dessen hinaus, was über die Jahrhunderte – auch im Humanismus – als tragende Gewissheiten und damit Grundordnung und Grundgerüst eines zivilisierten Miteinanders gegolten hat. Und es ist deshalb nicht nur post-humanistisch, sondern in Zügen bereits post-human zu nennen.

Während der Humanismus einen Menschen anspricht, der eine Identität hat und einen «Namen», mit Qualitäten und Merkmalen also, die ihn im Rahmen einer Gemeinschaft in all seinen Eigentümlichkeiten und Eigenschaften von anderen unterscheiden, die er selber erkennen und im vernünftigen Ergreifen bis zu einem gewissen Grad auch selber gestalten kann, fordert der Zeitgeist, das Individuum als vollkommen leer, zufällig, identitäts- und geschichtslos zu betrachten – als eine Art sinn-, inhalts- und formloses Nichts.

Oder anders gesagt: Während Identität im klassischen Humanismus auch das Resultat einer Selbstgestaltung aufgrund von Selbsterkenntnis ist, sagt der Zeitgeist, es gäbe vorderhand nichts zu erkennen; der Mensch, wolle er sich erkennen, müsse sich quasi erst selber erfinden, um sich anschließend selber zu erschaffen.

Ihn dabei zu belästigen mit geschichtlichen oder ökonomischen Tatsachen oder ihn in «Rollenbilder» in Bezug auf seine körperlichen Beschaffenheiten, Talente, Schwächen oder seine Herkunft zu drängen, sei bereits Teil struktureller Gewalt. Das Einzige, was der Einzelne zur Bewältigung dieser herkulischen Aufgabe als Werkzeug und Kompass brauche und worauf er sich verlassen könne, seien seine Empfindungen. «Du bist, was du fühlst», lautet die Devise.

Und weiter: «Du bist zwar leer, heimat- und identitätslos, aber gut. Ausschließlich gut. Was du fühlst, ist immer richtig. Wenn du dich gut fühlst, dann ist das Außen und also auch die Ordnung gut. Wenn du dich schlecht fühlst, dann deshalb, weil das Außen verletzend, traumatisierend, verwirrend und also schlecht ist.»

Kapitel 7: Was sollen wir tun? ■ 115

Sich-Hineinverbiegen ins eigene Gefühlsleben

Was sich als totale Entbindung und damit Freiheit von physischen Realitäten außerhalb des eigenen Lustzentrums und anderer «Zwänge» – auch und gerade der persönlichen Verantwortung – präsentiert, ist dabei das komplette Gegenteil: ein von vornherein gnadenlos an die Ketten der eigenen Emotionen Gelegt-Werden und gleichzeitig die vollkommene Auslieferung an das Außen – die Preisgabe an eine Existenz als Opfer. Denken und Handeln erschöpfen sich in dieser Sicht im permanenten Sich-Hineinverbiegen in das eigene Gefühlsleben, während der Welt und den Mitmenschen bestenfalls die Rolle von Lieferanten zugesprochen wird, die Dinge und Emotionen an einen herantragen.

Eine gute Ordnung, heißt es auf dieser Grundlage, habe sicherzustellen, dass das Außen – soziale Umwelt und Verhältnisse – gut sei und den permanenten Ich-Betrachter nicht in seinen Gefühlen verletze. Damit das so sei, habe das Abstraktum «Gesellschaft» – sprich: Millionen anderer Ich-Betrachter – unter Anleitung der Politik und der Meinungsindustrie die Pflicht, eine solche Ordnung zu organisieren und bereitzustellen.

Mit dieser Begründung werden sämtliche Lebensbereiche, jede bisher gültige Kausalität, jede Richtschnur des Handelns und jeder herkömmliche Wert als mögliche Quelle von Traumatisierung und Gefühlsverletzungen ins Visier genommen. Familie, Elternrollen, Ethnien, Nationalität, Eigentum, wissenschaftliche Erkenntnisse, Talente, Schwächen und darauf basierende Denk- und Handlungsweisen stehen unter Beschuss.

Die Realität selbst, wie sie sich uns bisher erschloss, Aussagen über sie, bisherige Erkenntnis und darauf abstellende Logik, werden in die Position einer ideologischen Gegnerschaft gedrängt und müssen unter dem Schlagwort des «Anti» gebändigt, neu gedeutet oder bekämpft werden.

Die Einebnung des bisher Geltenden

Alles, was man bisher unter Wahrheit im Sinn weltlicher Gewissheiten verstanden hat, ist nun potenziell diskriminierend und gilt als Anmaßung. Und wer sich ihrer bedient und darauf beharrt, wird als unsozial, empathielos und arrogant bezeichnet. Das Ich, die eigene Identität, die Wirklichkeit, die Freiheit, unteilbare Verantwortlichkeiten und persönliches Handeln klar definieren zu wollen, sei bestenfalls unmodisch, eher aber reaktionär und menschenverachtend.

Der beste Standpunkt, den ein Mensch gemäß dieser Doktrin einnehmen kann, ist es, *keinen* Standpunkt zu haben. Für die Vision von Freiheit, von vollem Leben und von Erfüllung kämpft man also am besten dadurch, dass man nicht kämpft.

Und die sozial verträglichste, da niemanden verletzende Meinung ist der Verzicht auf eine solche.

Diese Einebnung alles bisher Geltenden unter das Subjektive und Relative nennt sich einmal soziale Gerechtigkeit, ein anderes Mal Inklusion oder schlicht Offenheit.

Bei näherer Betrachtung ist es aber etwas ganz anderes. Der Mensch ist von Natur aus ein Opportunist und ein Egoist. Aus gutem Grund: Nimmt man Egoismus und Opportunismus aus der Gleichung, dann verlieren Kausalitäten wie Leistung und Lohn sofort ihre Wirkkraft, und die Welt und die Geschichte stehen still. Wo sie unter der Flagge persönlicher Verantwortung – auch und gerade für Mitmenschen und Mitwelt – ihre Wirkung entfalten, dort entstehen Wettbewerb, Fortschritt und buchstäblich blühende Landschaften.

Wo aber diese Selbstverantwortlichkeit wegfällt, wo die Devise «Auf Kosten anderer!» lautet und zu einem staatlich befohlenen Tugend-Ideal und zur Handlungsmaxime erhoben wird mit dem Ziel eines subjektiven «Sich-gut-Fühlens» im permanent fordernden Abgleich mit der Umwelt, führen Egoismus und Opportunismus als Antriebe zur Erhebung einer negativen, die längste Zeit als verachtenswert und destruktiv geltenden Emotion zum Hauptmotiv: Neid.

Korrigieren. Nivellieren. In Schach halten.

Neid, auch wenn er sich «Opfer» oder «soziale Gerechtigkeit» nennt, ist immer eine individuelle Empfindung und stellt sich dort ein, wo einer sich schlecht fühlt, weil es anderen gut oder besser geht, weil sie besser sind oder mehr haben. Wo solches nun abseits persönlicher Verantwortung in Umkehrung aller bisherigen Deutungen und per Dekret als verletzend und diskriminierend gilt, ist die einzig logische Abhilfe dadurch zu schaffen, dass sowohl Individuen, die Verantwortung befürworten und übernehmen, als auch jedes Besser und jedes Mehr korrigiert und wenn möglich verhindert werden.

Individuen müssen zu diesem Zweck in ideologisch handhabbare Gruppen zusammengefasst werden, die es entweder zu fördern oder zu bremsen gilt. Wege müssen geebnet, Hindernisse aus dem Weg geschafft, Herausforderungen nivelliert und Bedingungen angepasst werden. Wer begabter ist, muss unten gehalten werden, damit sich Schwächere nicht schlecht fühlen. Verantwortungsübernahme, Eigeninitiative und Risikobereitschaft müssen durch administrative Bremsen und maximale Besteuerung in Schach gehalten werden. Für Lohn, Ertrag, Eigentum und Vorsorge als Antrieb gilt dasselbe.

Damit wird aber nicht weniger untergraben als das, was man den «geschichtlichen Antrieb» nennen könnte: das, was den

Menschen – wie wir gesehen haben – überhaupt zum Denken und zum Handeln motiviert. Nämlich der Grundsatz, dass, egal in welchem Bereich, große individuelle Leistung, große Anstrengung, große Verantwortung und großes Risiko auch großen Lohn – nicht nur im monetären Sinn – zur Folge haben. Und umgekehrt.

Verhindern des Besten

Was heute also unter all den sozial und gerecht klingenden Schlagworten als gute Ordnung gilt, ist nichts anderes als die Verhinderung des Besten zugunsten Schwächerer, Verantwortungsloser, Leichtsinniger und Fahrlässigerer. Dies sowohl im Fall von Staaten wie auch im Fall von Unternehmen und Menschen. Was sich «bunt» nennt und eine inklusive, gerechte Welt, ist in Wahrheit gerade die Vernichtung von Buntheit, Vielfalt, Wettbewerb und Wohlstand zugunsten bleierner Stillstands, grauer Gleichheit und materieller und ideeller Armut.

Objektiv Wahres, Gutes (dem Leben Dienendes), Schönes und Starkes wird damit verhindert. Als «gut» gilt, was sich gut anfühlt für jene, die dem Geschwafel von einem Leben, das einen glücklich zu machen habe, auf den Leim gegangen sind.

Dass dieser lebensfeindliche Widersinn zur allgemeingültigen Moral erhoben wird dadurch, dass er Faulheit, Laschheit, Weichheit, Wehleidigkeit, Feigheit, Neid und Habgier zu einer Art neuer «Demut» pervertiert und eine totale und erschütternde Unbildung und Gleichgültigkeit gegenüber aktuellen und geschichtlichen Tatsachen zu «Skeptizismus» erklärt, setzt dem Ganzen noch die Krone auf.

Diese Moral ist reine Heuchelei und ihre Allgemeingültigkeit schlicht eine Lüge: Zum einen deshalb, weil, wo alles subjektiv und relativ ist, wo alles zur Diskussion steht, wo man jede Gewissheit, jeden Wahrheitsanspruch und jede sichere Erkenntnis als Ding der Unmöglichkeit, als Aggression gegen jemandes Gefühle und als hoffnungslos naiv verachtet, es de facto gar keine Moral mehr geben kann. Wie sollte man da, wo man über nichts Gewissheit hat und nichts sicher ist, wo jegliche Lehrsätze geleugnet, jedes Axiom infrage gestellt und eindeutige Definitionen zerpflückt und wenn möglich zerstört werden, irgendeine sichere Aussage darüber treffen können, ob etwas gut oder schlecht ist?

Es ist unmöglich, und die neue «Moral» entpuppt sich als eine opportunistische Hilfskonstruktion und als Anti-Moral – als der dezidierte Versuch, Moral, Verantwortung und damit Schuld aus dem menschlichen Leben zu verbannen.

Und sie ist zum anderen deshalb reine Heuchelei, weil ihre Allgemeingültigkeit bloß ein schönes Etikett ist. In Wahrheit handelt es sich dabei um eine parasitäre Werkzeug-Moral, welche nur jenen als Instrument zur Verfügung steht, die einen direkten Nutzen davon haben. Alle anderen sind dazu berufen, sich darauf zu beschränken, sich ihr zu unterwerfen und ihr zu nutzen, wenn sie und das Ihre nicht gecancelt werden wollen.

Emanzipation als Auslieferung und Preisgabe

Was sich also heute Humanismus nennt, ist zutiefst anti-menschlich. Er degradiert den Menschen zum Spielball und Objekt des Außen und zum Zweck jener Menschen, die die Macht haben, dieses Außen durch ihre Machtposition oder ihr «Opfer-Sein» zu gestalten.

Die propagierte Emanzipation ist Auslieferung und Preisgabe. Der Mensch ist nicht mehr Einzelner mit Eigenem, sondern Einzelteil der Kollektivität und damit ent-personifiziert und vermasst in der abstrakten Vielheit irgendeiner Gruppe, die der Opfer- oder Täterseite zugeordnet wird. Ermutigung zu dieser

Pseudo-Mündigkeit ist Entmutigung und Verurteilung zur permanenten Unmündigkeit. Fakten sind durch Fiktion ersetzt – auch und gerade in der Wissenschaft, wobei sie dort als Hypothesen und Modelle bezeichnet und flugs zum Dogma erhoben werden. Wirklichkeit weicht der Willkürlichkeit, und einst Halt-Gebendes muss der richtigen Haltung Platz machen.

Es ist die Herrschaft von Irrationalität und bereitet genau jenen Nährboden von Misstrauen allem und allen gegenüber, der für die Grausamkeit jeder Tyrannei unabdinglich ist. Genauso unabdinglich wie die Schlagworte der Humanität und der Gerechtigkeit, die jedem anti-humanen Gewaltregime schon immer und überall als Alibi dienten und es auch heute wieder tun.

Ein Versprechen als sinnstiftendes Element

Das alles funktioniert nur, weil ein Großteil der Gesellschaft fraglos mitmacht. Um der Ruhe, des guten Gefühls, der Bequemlichkeit und der Konfliktvermeidung willen hat man sich auf ein Wesen reduzieren lassen, das als Sinngehalt seiner Existenz nur noch das nackte, triebhafte Leben und Überleben anerkennt, während gleichzeitig Hunderte Millionen in Depressionen, Zwangsstörungen und anderen Pathologien an genau dieser Sinnleere leiden oder zugrunde gehen.

Alles zusammen aber – die Gleichgültigkeit und Schlaffheit großer Teile der Gesellschaft und der Herrschaftswille jener kleinen Gruppe, die den Staat und die ihm nahestehenden Institutionen bilden – bietet die ideale Voraussetzung, die Menschen mit minimalem Aufwand unter Kontrolle zu halten: nämlich mit Angst und mit dem Versprechen eines Endes der Angst als Sinnstiftung.

Schaffe einen Feind – am besten einen unsichtbaren –, der das Einzige, was bleibt – das nackte Leben – bedroht, und erhebe die

Bekämpfung und die Besänftigung des Feindes zum sinnstiftenden Element.

Gesundheit, Leben, Natur und Wohlstand werden zum höheren Zweck, mehr noch: zu neuen Göttern, denen alles und jeder zu dienen hat. Zusammen mit dem Staat und allem staatlich Finanzierten bildet die Wissenschaft mit ihren apokalyptischen Modellen und Schutzkonzepten in einem derartigen Szenario eine weltliche Priesterkaste, die als einzige eine Vermittlung zwischen uns und dem neuen Gott ermöglichen und damit Rettung und Sicherheit liefern kann.

Keine Buntheit, Diversität und Vielfalt mehr

Die Gesellschaft wird in Bezug auf diese weltliche Priesterkaste gespalten in Gläubige und Ungläubige. Und spätestens ab hier gibt es keine Buntheit, Diversität und Vielfalt mehr. In dieser neuen Rechtgläubigkeit ist nichts mehr relativ, subjektiv, unbestimmbar und vage. Die Kategorien für Gut und Böse, Richtig und Falsch, Sünde und Segen sind neu und glasklar definiert und nicht hinterfragbar. Die Welt wird schwarz-weiß und damit zum exakten Gegenteil dessen, was die offizielle Doktrin zu fördern und zu wollen vorgibt.

Es ist eine Welt, in der alle Vernunft und mit ihr der Einzelne im Fleischwolf eines unmenschlichen «Humanismus» zu Brei verarbeitet wird. Zerrieben zwischen der These, wonach alles relativ, die Erkenntnis objektiver Wahrheit unmöglich und die Suche danach absurd sei, und der Antithese, dass es Menschen gäbe, welche die Wahrheit und die Zukunft nicht nur kennen, sondern sie auch zu organisieren und «zu exekutieren» (Klaus Schwab) wüssten.

Wäre das alles, dann könnte man den Organisatoren und Meinungsmachern des irdischen Paradieses die Fassade der Dienerschaft und der neuen Demut vor den Herausforderungen des Fortschritts und der Komplexität allen Lebens vielleicht sogar abkaufen. Aber es ist eben nicht alles; man lässt es nicht beim Eingeständnis bewenden, das Ziel objektiver Erkenntnis von Wahrheit sei nicht zu erreichen, sondern hat es durch ein neues Ziel ersetzt. Und dieses ist – wie auch schon in der Geschichte – teilweise bereits erreicht:

Während man noch vorgibt, eine «Wahrheit ohne Gott» zu erschaffen, hat man längst einen «Gott ohne Wahrheit» installiert und mit ihm einen innerweltlichen Götzenkult des Materiellen auf der einen Seite, des Relativen, Willkürlichen, Verschwommenen und Vernebelten, das zur Moral erhoben wird, auf der anderen.

Es ist totale Verwirrung.

Diese Verwirrung ist Methode und gewollt

Aber sogar hier noch könnte man einwenden, das sei unausweichlich, um die Früchte des Fortschritts national, europäisch und auch global gerecht zu verteilen und eine in jeder Hinsicht heile, friedliche und von Not befreite Welt zu erschaffen. Der Anspruch sei hoch, die Herausforderungen seien enorm, aber der Versuch lohne sich. Und es liege in der Natur neuer Wege, dass es zu Verwirrung, temporär chaotischen Zuständen, Fehlentwicklungen und Unsicherheiten komme.

Dieser Einwand muss abgelehnt werden. Die Wirklichkeit lässt nur einen Schluss zu: Die Verwirrung ist kein Kollateralschaden guter politischer Absichten, sondern Methode.

Wo eine «gute Ordnung» auf dem Flüchtigsten und Windigsten überhaupt, nämlich Emotionen, basiert, wo hysterische Rituale und Gewaltausbrüche als «Aktivismus», «Engagement», «Friedensbewegung» und «politische Verantwortung» abgefeiert werden, kann sozialer Frieden nicht das Ziel sein. Wo auf festen Grundsätzen abstellende Gewohnheiten, Strukturen und Routinen als langweilig, veraltet, anmaßend und irgendwie rechts zu gelten haben, ebenso wenig.

Und wo schließlich Rechtssicherheit verunmöglicht wird, indem das Recht im Rahmen irgendwelcher «Krisen» untergraben, uminterpretiert und umgangen wird und wo fast täglich oder sogar stündlich neue Gesetze und Regeln gelten, da können Kontinuität und Stabilität kaum das Motiv sein.

Mehr noch: Wo in der Rechtsprechung die Angst vermehrt als Legitimation dafür dient, die Rechte Dritter einzuschränken, wie der Anwalt Carlos A. Gebauer feststellt, da kann nicht die Festigung von Menschen- und Bürgerrechten das Ziel sein, sondern gerade das Gegenteil: die auf einer Emotion basierende Infragestellung des Wesensgehalts der Grundrechte und im Extremfall ihre Außerkraftsetzung.

«Täglich neu aushandeln» – echt jetzt?

Es ist deshalb von erstaunlicher Ehrlichkeit von Seiten der Politik und der Meinungsindustrie, zu sagen, eine Ordnung des Zusammenlebens und Zusammenarbeitens müsse «täglich neu ausgehandelt werden».

Wirkung und Folgen dieses täglichen Neu-Aushandelns liegen auf der Hand: Wo einer sich morgens beim Aufstehen vor dem Hintergrund eines permanent genährten Angst-Szenarios zuerst fragen muss, wer er sei, wie er sich fühle und womit er sich identifiziere, welche Worte er heute benutzen dürfe, wem er vertraue und wem nicht, mit wem er zusammenarbeiten könne und ob er überhaupt arbeiten könne, ob er auf Ehe und Familie heute noch Lust habe oder eher weniger und was ihn zurzeit verletze oder sonst irgendwie irritiere, da bleibt für anderes kaum Platz.

Das Leben wird zur Endlos-Rotation um den eigenen Bauchnabel. Für Entdeckungen, Verantwortungsübernahme, für das Wagen, Riskieren, Hindurchbrechen, Dabeibleiben, Überwinden und Gewinnen ist weder Zeit noch Raum.

Und schafft es einer doch oder ignoriert den Befindlichkeits-Kult, dann kommt sein Engagement spätestens in dem Moment zum Erliegen, wenn er mit Volldampf gegen die Wand einer durchregulierten und bis ins kleinste Detail administrierten und maximal besteuerten Welt im Modus eines quasi-religiösen Erlösungs-Wahns knallt.

Man muss meiner Meinung nach schon ein seltsames Menschenbild kultivieren, um zu glauben, dies habe noch das Geringste mit Freiheit, mit Menschenwürde und mit Selbstergreifung – kurz: mit Humanismus – zu tun. Die Einzigen, die davon profitieren, sind die Leute, die das alles vorantreiben, und kurzfristig auch jene, die sich gegen ein Trinkgeld die Möglichkeiten eines lebendigen Lebens abkaufen lassen: also die Politik, die Meinungsindustrie sowie die immer zahlreicher werdenden Gruppen von Diskriminierten, Benachteiligten oder sonst irgendwie Gebremsten.

Der Krieg hinter dem Krieg

Im Zusammenhang mit militärischen Konflikten ist von «Kriegswirren» die Rede. Krieg ist für eine Gemeinschaft – egal ob groß oder klein – die maximale Steigerung von Verwirrung. Im Umkehrschluss bedeutet dies aber auch, dass die gezielte Maximierung von Verwirrung eine Form des Krieges ist. Und genau zu diesem Schluss bin ich in den Wochen, während derer ich an diesem Text schrieb, gekommen: dass wir nämlich im Krieg stehen.

Nicht im Krieg gegen einen unsichtbaren Feind, eine Katastrophe oder eine Krise. Es ist der Krieg hinter dem Krieg – jener eines «Manager-Regimes» aus Politik, Medien, NGOs, Großkonzernen, Bildungsindustrie, Kirchen, Kultur- und Unterhaltungsbranche und supranationalen Organisationen gegen die Wirklichkeit, gegen bisher gültige Wahrheiten, gegen seit Jahrtausenden geltende Ordnungen und Gesetzmäßigkeiten und damit gegen das Verstehen, das Einander-Verstehen, die Freiheit und gegen den Menschen selbst.

Wo einerseits alles einem quasi-religiösen System untergeordnet wird, stellen die Verweigerer des Systems über kurz oder lang eine Systemgefährdung dar. Der Schritt, der noch nötig ist, um sie von ihrer Bezeichnung von «Leugnern», «Spaltern», «Skeptikern», «Kritikern» und «Sündern» zu «Schädlingen», «Feinden» und «Ketzern» zu machen, wird immer kleiner.

Wo andererseits alles Verhandlungssache und relativ ist, wird es auch der Mensch beziehungsweise sein Leben früher oder später. Millionen von Abtreibungen und die Rechenmodelle kanadischer Wissenschaftler zum Thema des assistierten Suizids alter Menschen zwecks Entlastung des Gesundheitssystems[77] sprechen eine deutliche Sprache. Und buchstäblich nichts stellt sich bei einem Weiter-So der Möglichkeit in den Weg, diese Verhandelbarkeit von den äußersten Grenzen des Lebens – vor der Geburt und kurz vor dem Tod – mitten hinein zu holen und den staatlich bestellten Verhandlungsbefugten die Existenz sogenannter «Gefährder» zum Wohl von Gesundheit, Frieden und Gerechtigkeit des «Gesamtkörpers» (Sarah Bosetti, ARD) zu überantworten.

Es spricht auch absolut nichts dagegen, dass das Ich, das sich selber erschafft oder von außen erschaffen lässt, sich auch selber abschafft oder abschaffen lässt. Und – wie die Geschichte zeigt – auch Neigung dazu hat. Im Krieg geht es am Ende immer um Leben oder Tod.

Kompass zum lebendigen Leben[78]

Bevor ich darzulegen versuche, was die Bibel als gute Ordnung und als Schutz vor der permanenten Gefährdung durch solch menschliches Neigen zu bieten hat, möchte ich zurückkommend auf die Feststellung zu Beginn dieses Textes, wonach Unkenntnis unseres zivilisatorischen Fundaments sich dem aufgeklärten Menschen verbietet, das Folgende anmerken:

Die Bibel geht nicht nur Interessierte oder Glaubende etwas an, sondern jeden, der der Meinung ist, dass es in der Welt so etwas wie Wahrheiten und Gewissheiten gibt und dass Leben nur in Freiheit und unteilbarer Verantwortlichkeit lebendiges Leben sei. Auch dann, wenn seine Definition von Wahrheit sich nicht aus der heilsgeschichtlichen Dimension der Bibel speist, sondern sich auf die Popper'sche Formel der «Übereinstimmung mit den Tatsachen» im Sinn ihrer Beobachtbarkeit und Beschreibbarkeit und als Gegensatz zur Falschheit bezieht.

Anders gesagt: Wer glaubt, es gäbe so etwas wie unverrückbare Tatsachen, universell gültige Grundsätze und damit Strukturen, Institutionen und Handlungsprinzipien, die es zu konservieren und hochzuhalten gilt, weil sie das Grundgerüst einer guten Ordnung des Zusammenlebens bilden, und wer davon überzeugt ist, dass der Mensch nicht zum Leben unter einem Diktat und schon gar unter dem Diktat der Furcht geschaffen sei[79], an den richten sich die Bibel und ihr Ruf zum Streit, zum Widerstand und zum klaren Positionsbezug gegen das Wahnhafte des Zeitgeists genauso wie an den Glaubenden.

Denn quer durch ihre Bücher klärt die Bibel immer wieder und unmissverständlich: *Erstens* – Freiheit und Wahrheit sind immer und überall gefährdet. *Zweitens* – Freiheit und Wahrheit sind nicht verhandelbar. *Drittens* – für Freiheit und Wahrheit einzustehen und mutig zu sein ist heute nicht schwerer als vor

Tausenden von Jahren; wir sind es bloß nicht mehr gewohnt. Und schließlich *viertens* – solches Einstehen lohnt sich langfristig immer.

Der Graben zwischen den Lagern

Wer findet, dies sei zu hart formuliert, zu sehr schwarz-weiß gemalt, dem sei gesagt: Was um uns her geschieht und was auf diesen Seiten nur grob skizziert wurde, ist noch viel härter und viel radikaler als schwarz-weiß: Es ist total. *Total* wie in *Totalitarismus*.

Bei den heute die Meinungsindustrie dominierenden Themen geht es längst nicht mehr ums Informieren. Auch nicht mehr ums Überreden oder gar Überzeugen, sondern bereits nur noch ums Demütigen und Ausgrenzen jener, die nicht überzeugt oder überredet werden wollen. Solches aber wird umso wirkungsvoller, je weiter die «neue Wirklichkeit» von der alten entfernt ist und je breiter der Graben zwischen den Lagern (wie passend!) ausgehoben werden kann.

Um solchem Ausschluss und solcher Demütigung oder bereits der Angst vor Demütigung zu entgehen, schweigen viele entweder oder leugnen die eigenen Überzeugungen mitsamt ihren Erfahrungen und glauben – wenn auch contre cœur – an das neue Normal.

Es ist kein Zufall, dass Schweigen, Gehorchen und Denunzieren als Solidarität, Bürgerpflicht, Verantwortung und Sorge-Tragen gedeutet werden. Wenn Menschen aber auf Dauer dazu gezwungen werden, zu schweigen oder – noch schlimmer – die neue Wirklichkeit, an welche sie *nicht* glauben, zu leben, dafür zu werben und sie zu wiederholen, um Jobverlust und andere Sanktionen zu vermeiden, dann gehen sie jedes Sinns für Mitmenschlichkeit, Aufrichtigkeit und Vertrauen verlustig.

Der Essayist Anthony Daniels bringt es auf den Punkt, wenn er sinngemäß sagt, sich mit offensichtlichen Lügen einverstanden zu erklären, bedeute, selbst Teil der Lüge zu werden; mit der Schlechtigkeit zu kooperieren bedeute, selber schlecht zu werden. Die Kraft, sich irgendetwas zu widersetzen, bröckle oder werde ganz zerstört. Eine Gesellschaft solcherart kastrierter Lügner sei ein Fest für jede Instanz, die Kontrolle auszuüben wünsche.

Jedes Buch, das hierzu einen Ausweg, eine lebbare Alternative und einen gangbaren Weg aufzeigt, ist für jeden Freund der Freiheit Pflichtlektüre.

Furcht – das Gegenteil von Liebe

Zurück zur Bibel und zur Frage nach dem «Was»: Neue Normalitäten, Grenzabschaffungen und Grenzversetzereien, Torheit und das Abirren von bisher gültiger Wirklichkeit, von Wahrheit und letztlich von Gott und der Freiheit, sind in den Büchern der Bibel ein wiederkehrendes und sehr ernstes Thema. Sie werden gemäß der Schrift dann zu einer Realität, wenn der Mensch aus den Ordnungen Gottes austritt, Gott für tot und sich selbst zu Gott erklärt.

Oder anders gesagt: Wirklichkeitsverleugnender Wahn dominiert Einzelne und ganze Gemeinschaften dann, wenn der Mensch *erstens* vergisst, dass es einen Gott gibt[80], wenn er *zweitens* ignoriert, wer er *vor Gott* ist – nämlich ewig Geliebter und Verantwortlicher –, wenn *drittens* seine Freiheit eine ziellose, verantwortungslose und triebhafte Konsum-Freiheit ist und damit zu einer Un-Freiheit wird, und wenn *viertens* schließlich die innere Struktur, die tiefste Motiv-Ebene seines Denkens und seines Handelns nicht Liebe ist, sondern das, was die Bibel als das Gegenteil der Liebe verstanden haben will: Furcht.

Gott als Schöpfer all dessen, was es gibt, ist die Quelle absoluter, ewiger und allumfassender Wahrheit. Verwirrung und Irrwahn sind für die biblischen Autoren immer die Konsequenz wahrheitsfeindlichen und damit anti-göttlichen Handelns.

Im Umkehrschluss bedeutet das: Ohne Gott, ohne die freiwillige Unterstellung des Selbst, seines Denkens und aller denkbaren Fälle des Handelns *unter* den Einen und ohne diese Konzentrationsbewegung *auf* den Einen *hin* gibt es weder Erkenntnis der Wahrheit noch Freiheit.

Freiheit, so wie die Schrift sie definiert, ist die Zurückführung all dessen, was der Mensch ist, tut und fühlt, auf die *eine Formel*, dass er Gott über alle Dinge fürchtet und liebt und ihm vertraut. Freiheit – als Freiheit von Welt- und Menschenfurcht, als Freiheit von Todesangst und damit als furchtlos praktizierte Dankbarkeit – ist Liebe: Lebens-, Gottes-, und Nächstenliebe. Und, daraus erwachsend, freiwilliger Gehorsam.

Oder, um es erneut mit Thielicke zu sagen: Nur wer zu danken gelernt hat, lebt als Befreiter. Wobei gilt: Danken und Denken entstammen derselben Wurzel. Sowohl mit Blick auf die Bibel als auch auf die neuesten neurologischen Erkenntnisse kann deshalb gesagt werden: Wer dankt, denkt besser.

Der Inhalt der Bibel ist nichts Verhandelbares

Das oben Beschriebene ist, verkürzt gesagt, die Ordnung der Bibel. Von ihr ist kein Mensch ausgenommen. Dies gilt im Besonderen dort, wo eine Gemeinschaft sich freiwillig eine Obrigkeit erwählt, auch und gerade für diese Obrigkeit.

Das Königsgesetz[81] spricht da eine klare Sprache. Egal ob Beamter oder Putzfrau, Bundesrat oder Sozialhilfe-Empfänger, Weltbankchef oder Ingenieur, Unternehmer oder Arbeitsloser – jeder von ihnen ist *Mensch vor Gott* und also vor der obersten und absoluten Autorität Gottes in unableitbarer Verantwortung. Es gibt zwischen ihm und Gott kein Drittes, das an seinem Wählen und Handeln beteiligt ist und auf das er einen Teil der Verantwortung abschieben könnte. Ausnahmslos *jeder* wird sich für sein Denken, sein Tun, sein Dulden und Unterlassen auch und gerade seinen Mitmenschen und Mitgeschöpfen gegenüber vor Gott zu verantworten haben.

Ausschließlich in der Akzeptanz dieser Ordnung, sagt die Schrift, ist heute, morgen, in einem Jahr und in zehn Jahren ein friedliches Zusammenleben und Zusammenarbeiten innerhalb einer Gemeinschaft überhaupt möglich und gesichert. Wo sie hingegen verworfen wird, sind die Folgen fatal:

So gewiss die Bibel sagt, es gebe keine direkte göttliche Bestrafung der Kinder für die falschen Handlungen ihrer Väter[82], so gewiss haben diese doch die natürlichen Folgen solchen Abirrens, solcher Verwirrung und Torheit während dreier oder vierer Generationen[83] zu bewältigen dadurch, dass sie sich aus der Unmündigkeit und der daraus resultierenden Knechtschaft zu befreien haben werden, in welche die Denkfaulheit, Lauheit, Feigheit und Gleichgültigkeit ihrer Väter sie geistig, moralisch, ökonomisch und physisch gebracht haben wird.

Dies alles macht klar: Der Inhalt der Bibel ist nach heutigem Maßstab nichts Nettes, Angenehmes und schon gar nichts Verhandelbares. Wahrheit ist Wahrheit. Und Gott ist Gott. Punkt.

Damit muss ihr Gehalt in Zeiten der Kanonisierung von Kompromiss und Konsens als Problem gelten, als Aggression und Beleidigung. Gemessen an den Normen des Zeitgeists scheint die Bibel verletzend, verwirrend, irritierend und schmerzhaft, denn sie benennt deutlich Gut und Böse, Wahrheit und Lüge, Hoch und Niedrig, Richtig und Falsch, Schön und Hässlich. Sie ist zu keinem Zeitpunkt einer All-Integration verpflichtet, sondern – ganz im Gegenteil – der Abgrenzung. Sie ist anstößig, sie spaltet, trennt und verurteilt. Sie widersetzt sich der Irrationalität, bezieht unverrückbare und konfrontative Standpunkte und setzt sich von jeder Idee totaler Toleranz ab.

Wo Gemeinschaften, Kultur und Wirtschaft blühen

Die Schrift macht sehr deutlich, dass es, wenn es um die Wahrheit und um Gewissheiten geht – auch und gerade um *letzte* Gewissheiten –, keine neutralen Positionen gibt. Keine Sicherheitszone für Unbeteiligte, keine Seitenlinie, kein «*sowohl – als auch*» im Sinne der Zeitgeist-Liebedienerei.

Wo die Wirklichkeit zur Plünderung freigegeben wird, wo dogmatische Allianzen mit Irrationalität, mit wahrheitsmäßigen Grautönen, mit Fiktion und mit institutionalisierter Verwirrung geschlossen werden, löst dies zwingend geistigen und geistlichen Niedergang aus, dem der materielle Niedergang früher oder später folgt.

Im Umkehrschluss bedeutet das aber auch: Wo für die Wahrheit eingestanden wird und notfalls gekämpft, da blühen Gemeinschaften, Kunst, Kultur und Wirtschaft gleichermaßen.

Die biblische Konsequenz daraus: Weil Wahrheit und Freiheit, wie die Geschichte zeigt, immer und überall gefährdet sind, ist das Leben nie ein Dauerzustand der Ruhe, sondern eher eine lebenslange Auseinandersetzung. Das Wort Gottes ist deshalb immer wieder auch ein Einberufungsbefehl, vor dem sich zu drücken keiner das Recht hat. Insbesondere nicht jene, für welche die Bibel nicht nur geistige, sondern auch geistliche Wahrheit ist.

Allerdings sagt die Bibel ebenso klar: Richtig gerüstet zu diesem seit ewigen Zeiten andauernden Kampf ist nur, wer sein unwandelbares Vor-Gott-gestellt-Sein in einer Gott zugewandten Weise vollzieht.

Und hier nun stellt man fest: Die Frage «Was sollen wir tun?» ist aus der Sicht der Schrift falsch gestellt beziehungsweise die falsche Frage. Die Bibel sagt deutlich, was zu tun sei: «Du sollst den Herrn, deinen Gott [und also die Wahrheit, Anm. d. A.], lieben von ganzem Herzen, von ganzer Seele und mit all deiner Kraft und deinem ganzen Gemüt, und [diese Liebe spiegelnd, Anm. d. A.] deinen Nächsten wie dich selbst.»

Wo dies die Grundlage des Seins und damit allen Denkens und Tuns ist, wird aus jedem «Du sollst» Gottes das *«Du wirst»* des hebräischen Originaltexts verständlich und zu einem «Ich will» des Menschen, der Gott und damit die Wahrheit dadurch ehrt, dass er das Leben an sich und die Stiftungen Gottes – Freiheit, Ehe, Recht, Familie, Eigentum – ehrt, die Wahrheit spricht und nichts und niemanden über Gott stellt. Weder sich selbst noch seine Kinder, weder eine «Sache» noch eine Idee von Gerechtigkeit oder Solidarität, weder eine Opfergruppe noch ein «Wir».

Die Gottverlassenheit überwinden

Die Frage, die zu stellen ist, kann deshalb nur so lauten: *«Was sollen wir tun, um zum Glauben zu kommen?»*

Wie gelangen wir in den Schatten und unter den Schirm[84] des Schöpfergottes? *Wie* an den Ort ewig gültiger und Orientierung gebender Ordnung? *Wie* dahin, wo aller Verrat und alle Verwirrung ein Ende haben und wo man ausgerüstet und gestärkt wird zu dem, wozu der Mensch berufen ist: zu einem Leben in Liebe für die Wahrheit und ohne jede Furcht? Und *wie* gelangen wir zu einem Leben, das mit Gott, der eigenen Vergangenheit und dem Nächsten versöhnt ist – und damit zu einem Leben von größter Widerstandskraft gegen alles Lebens- und Wahrheitsfeindliche?

Wir haben gesehen, dass die Abkehr des Menschen von Gott im Sündenfall, das Kappen der Unmittelbarkeit der Beziehung, radikal war. Der Lohn dafür, sagt die Schrift, ist der Tod[85] – ein vom Menschen her unwiderruflich von Gott getrenntes und damit geistlich totes Leben am Puls der eigenen Befindlichkeiten und an den Schweinetrögen der Welt und darüber hinaus.

Glauben und sich im Glauben Gott zuzuwenden bedeutet also nicht weniger, als den geistlichen Tod, die buchstäbliche Gottverlassenheit zu überwinden. Es bedeutet, den ewigen und unwiderruflichen Status des Geliebt-Seins quasi zu erweitern zum Status dessen, der Gott recht ist.

Was aber ist zu tun, um Gott recht zu sein?

Ein besserer Mensch werden? Ein guter Mensch, der gut wählt und damit richtig handelt?

Die Bibel sagt *Nein*. Es ist kein Mensch so gerecht auf Erden, dass er nur Gutes tut[86] – niemand ist gut als Gott allein[87].

Was dann? Besteht die Möglichkeit, in eine Art bilateraler Rechtfertigungs- und Erlösungs-Kooperation mit Gott einzutreten, indem man in allem so handelt, dass man Gottes «Du sollst» erfüllt, um sich die mündige Kindschaft zu erarbeiten und die Sohnschaft zu verdienen?

Auch davon kann nicht die Rede sein. Keiner kann das Gesetz «durchhalten» – weder im Denken noch im Tun – und den Maximen des Reiches Gottes, wie Jesus sie in der Bergpredigt verdeutlicht und radikalisiert, genügen. Deshalb fragt die Bibel in ihrem Kern nicht nach Normen und Zielvorstellungen des Handelns und ist auch kein Manual zum quasi-arbeitsteiligen Befreiungs- und Erlösungswerk zwischen Mensch und Gott. Der Mensch hätte keine Chance.

Neuschöpfung als Antwort auf den Bruch

Das Gleichnis des verlorenen Sohnes schafft auch hier Klarheit: Die Abkehr des Sohnes vom Vater und das endgültige Kappen der Unmittelbarkeit der Beziehung durch ein Verhalten, das den Vater für tot erklärte, war vollständig und umfassend. Wo das Verlassen der Ordnungen des Vaterhauses, die Abkehr vom Vater und das Sich-der-eigenen-Person-Zuwenden aber von solcher Radikalität sind, werden Sehnsucht, Reue, Einsicht, Gehorsam, besondere Tugenden oder gar die Verknechtung unter ein Gesetz nie genug sein, um in die unmittelbare Liebes-Gemeinschaft zurückzukehren.

Wo die Wurzeln bis aufs Letzte ausgerissen wurden, da ist nichts mehr, das aufgepäppelt und mit schierer Geduld oder durch sklavischen Gehorsam zu erneutem Wachsen gebracht werden könnte.

Wessen es bedarf, ist ebenso umfassend, wie der Bruch es war, das Ausreißen, die Abkehr: *etwas Neues*. Nicht nur eine Reparatur, eine Wiederherstellung des Alten, sondern eine Neuschöpfung. Keine Neu-Addition gewisser im Bruch verloren gegangener Eigenschaften und Qualitäten, sondern ein neuer Mensch.

Die Wahrheit nun, sagt die Schrift, ist ewig gültig und unwandelbar. Gottes Wort ist offenbarte Wahrheit und damit von ebenso zeitloser wie unabänderlicher Gültigkeit. Wenn die Bibel also sagt, die Konsequenz der Abkehr von Gott sei der Tod, dann kann nichts und niemand diese Kausalität aufheben.

Anders gesagt: Die Gerechtigkeit Gottes ist entweder dann erfüllt, wenn die Bundestreue Gottes ihr Spiegelbild in der freiwilligen Treue des Menschen zu Gott findet, oder aber in der Konsequenz für die Untreue: in der unwiderruflichen Trennung von Gott im Leben wie im Tod.

Das Liebesopfer glaubend an sich geschehen lassen

Weil der Mensch aber die ursprüngliche Treue im Sündenfall aufgekündigt und sich unwiderruflich und radikal von Gott und seinen Ordnungen losgesagt hat, ist er dem geistlichen Tod und also der Gottverlassenheit preisgegeben, sofern Gott nicht sein eigenes Wort für ungültig erklärt, sich selber untreu wird oder der Mensch aus eigener Kraft den Tod überwindet.

Jedes dieser drei ist unmöglich.

Weder nimmt Gott je eine einzige seiner Zusagen zurück, noch kann der Mensch seinen eigenen Tod besiegen – den physischen ebenso wenig wie den geistlichen, der eine biblische Realität und damit eine Tatsache ist.

Kurz: Der Sohn kann nicht dadurch ins Vaterhaus zurückkehren, indem er in der Fremde bleibt. Die einzige Alternative, die es gibt, ist die, dass ein anderer an seiner Stelle in der Fremde bleibt, die Trennung und den Tod akzeptiert, vollzieht und ihn freikauft. Und genau das tat Gott, als er selbst zum Äußersten ging, sich selber anstelle des Menschen die tödliche Wunde zufügte, in den Tod ging und so seiner eigenen Gerechtigkeit ein für alle Mal[88] Genüge tat. Er brachte das größtmögliche für die menschliche Vernunft gerade noch erfassbare Opfer: das Selbst- und das Sohnesopfer in der Person Jesu: ganz Gott und ganz Mensch in seinem urbildlichen Heilszustand der direkten Bezogenheit auf den Vater.

Die Rolle des Menschen ist dabei ausschließlich jene, es geschehen zu lassen; es *glaubend an der eigenen Person* geschehen zu lassen. Oder nicht glaubend die Trennung, die Fremde und die äußerste Verlassenheit im Tod zu akzeptieren. Darin liegt die Freiheit, die die Bibel die «wahre» nennt, und darin liegt die – sowohl Geschichte wie auch Heilsgeschichte gleichermaßen überspannende – göttliche Kausalität.

Der neue Imperativ, der neue Anspruch

Was bedeutet es nun, diese Liebestat Gottes durch Christus an sich geschehen zu lassen? Die Antwort ist so einfach, wie sie – aus menschlicher Sicht – schwierig ist.

Aus der Gott-Mensch-Dualität Christi verbietet sich eine Lesart, wonach er als eine Art Lehrer den Menschen befähigt, seine Beziehung zu Gott zu kitten. Er *ermöglicht* nicht eine neue, vom Ich ausgehende Unmittelbarkeit der Beziehung Mensch-Gott, nein, er *ist* die Unmittelbarkeit, die im Sündenfall verloren ging.

Er *befähigt* den Menschen nicht innenpolitisch zum außenpolitischen Frieden (Thielicke) mit Gott; er *ist* dieser Friede.

Er sportt den Menschen nicht an zur Gerechtigkeit durch Gehorsam; er *ist* diese Gerechtigkeit.

Er *weist* nicht einen gangbaren Weg zu neuer Sohnschaft; er *ist* der Weg.

Das ist es, wovon Luther spricht, wenn er vom Hineinkriechen in die Taufe, vom Hineinkriechen in Christus und damit in Gott spricht: Nicht *durch* ihn und damit quasi von außen befähigt in sich selber findet der Mensch in die Versöhnung mit Gott, in die göttlichen Ordnungen und in die Freiheit zurück, sondern nur *in* ihm. Nur dort, in Christus, steht der gefallene Mensch an der gleichen Stelle vor dem Vater, an welcher er ursprünglich einmal stand – und an der jetzt stellvertretend Gott selber in Christus steht.

Das ist das der menschlichen Vernunft unergründliche und geheimnisvolle Christusgeschehen – der allein in Ihm und aus Gnade mögliche Sprung über den inneren Abgrund menschlicher Neigungen hinweg. Der Sprung aus der eigenen Vernunft hinaus und in die Taufe und den Glauben hinein – mit ganzer Kraft, dem ganzen Willen, der ganzen Vernunft und von ganzem Herzen[89]; der Sprung, dessen Wollen und Vollbringen nicht eigenes Wollen und Tun, sondern göttliches Gnadengeschehen ist. Der neue Indikativ, die neue Gabe, der neue Zuspruch und damit der neue Imperativ, die neue Aufgabe, der neue Anspruch – kurz: die neue Schöpfung und damit ein neues Leben.

Erst nach diesem Sprung stellt sich überhaupt die Frage «Was sollen wir tun?». Die Frage nach dem Handeln beziehungsweise danach, wie dieses an mir geschehende Erlösungswerk Gottes sich nun in meinem Handeln konkretisieren soll. Und erst hier wird das «Du sollst» Gottes nicht nur im Sinn der «Schutzvorkehrung» und ethischer Handlungsanweisungen, sondern als auf Dankbarkeit und Liebe gründendes Wollen dessen verständlich, was Gott will.

Wie also zum Glauben kommen?

Von der Seitenlinie ins Zentrum treten

Luther soll sinngemäß gesagt haben, während er drinnen ein Krüglein Wittenbergisch Bier trinke, laufe draußen das Evangelium. Er hatte auf der Kanzel sein Möglichstes getan, treu gepredigt und die biblische Wahrheit verkündet und konnte nun in aller Ruhe Gott wirken lassen. Das gilt auch in Bezug auf die Frage, was zu tun sei, um zum Glauben zu kommen:

Während man das Menschenmögliche tut, nämlich sich praktische Kenntnis und damit Erkenntnis anzueignen, indem man die Schrift ernsthaft studiert und kennenlernt, «läuft das Evangelium» und geschieht an einem. Das Wort Gottes lesen bedeutet ja im biblischen Sinn nichts anderes, als der Wahrheit und damit Gott selbst zu begegnen. Nicht durch geistige Verrenkungen, eiserne Disziplin oder gute Gefühle – sie alle stoßen an die «gläserne Decke» der Vernunft und der Trennung. Egal, wie ernst- und ehrenhaft solches Versuchen auch ist, man bricht nicht hindurch. Erst wenn das Wort Gottes aus der Ewigkeit in unsere

Zeit und unseren Raum hineinbricht, kann es verstanden und ergriffen werden.

Kurz: Der Mensch kann horchen, und er kann gehorchen. Was beides verbindet, das Hören-Können, schenkt Gott. Das Hören-Wollen oder Sein-Lassen wiederum liegt beim Menschen.[90] So oder so gilt: Wer sich mit der Bibel befasst, hat bereits die Haut im Spiel, ist investiert, weg von der Seitenlinie und ins Zentrum ebenso aktuellen wie ewigen Geschehens getreten – das Evangelium «läuft».

Die Autorin

Monika Hausammann, 47, ist eine Schweizer Schriftstellerin und Kolumnistin aus Bern. Sie studierte Betriebswirtschaft in Frankreich und bildete sich später berufsbegleitend in den Bereichen Öffentlichkeitsarbeit, Marketing und Journalismus weiter. Bevor sie vor neun Jahren ins ländliche Frankreich übersiedelte, war sie als selbständige Kommunikations-Beraterin in der Schweiz tätig. Als Autorin bekannt geworden ist sie durch ihre unter dem Pseudonym Frank Jordan erscheinende Geheimdienst- und Polit-Thrillerreihe. Zuletzt veröffentlicht: «Ares: Kein Fall für Carl Brun».

Anmerkungen

1 Hermann Hesse, «Gedanken zu Dostojewskis ‹Idiot›»
2 Zitiert nach Richard Wurmbrand, «Antwort auf Moskaus Bibel»
3 Zitiert nach Richard Wurmbrand, «Antwort auf Moskaus Bibel»
4 Kardinal Kurt Koch über das Auferstehungsgeschehen, zitiert nach *factum-Magazin*
5 Michael Klonovksy, «Acta diurna»
6 Karl Marx, «Zur Kritik der Hegelschen Rechtsphilosophie»
7 2. Mose 20,2
8 Paul Watzlawick, «Wie wirklich ist die Wirklichkeit?»
9 Paul Watzlawick, «Wie wirklich ist die Wirklichkeit? Wahn, Täuschung, Verstehen»
10 Jordan B. Peterson, «Biblical Series»
11 Richard Wurmbrand, «Antwort auf Moskaus Bibel»
12 5. Mose 5,16
13 Römer 6,16
14 Immanuel Kant, «Beantwortung der Frage: Was ist Aufklärung?»
15 Søren Kierkegaard, «Furcht und Zittern»
16 Friedrich Nietzsches Übersetzung des Ausspruchs «génoi' oíos essí mathón», des griechischen Dichters Pindar
17 Karl R. Popper, «Objektive Erkenntnis – Ein evolutionärer Entwurf», «Die Evolution und der Baum der Erkenntnis»
18 David Gelernter, «Giving up Darwin»
19 Frei nach Friedrich Nietzsche, «Die fröhliche Wissenschaft»
20 Rémy de Guermont
21 Richard Thaler, Cass Sunstein, «Nudging – Wie man kluge Entscheidungen anstößt», Nobelpreis 2017
22 Karl R. Popper, «Objektive Erkenntnis – Eine evolutionäre Theorie»

23 Jesaja 55,8
24 Römer 11,36
25 2. Mose 20,1–17
26 Jesaja 43,1
27 1. Mose 1,26
28 Helmut Thielicke, «Theologische Ethik», «Schöpfungsgebot und Gottebenbildlichkeit»
29 Jordan B. Peterson «Biblical Series», «IV – Adam and Eve»
30 Helmut Thielicke, ebd.
31 Lukas 15,11–32
32 Jean-Paul Sartre, «Geschlossene Gesellschaft»
33 Friedrich Nietzsche, «Vereinsamt»
34 Martin Mordechai Buber
35 Roland Baader
36 5. Mose 19,14
37 Roland Baader
38 Alexander Solschenizyn, «Archipel Gulag»
39 Karl Marx, «Das Kapital»
40 Karl Popper, «Die offene Gesellschaft und ihre Feinde»
41 Günter Schmölders
42 James Burnham, «The Managerial Revolution»
43 Lukas 17,26–27
44 1. Mose 3,8
45 1. Mose 3,12–13
46 2. Mose 3–16
47 Epheser 4,23
48 Römer 11,36
49 1. Mose 22,1–19
50 Johannes 3,16
51 Römer 8,38–39
52 Alexander Solschenizyn, «Archipel Gulag»
53 Psalm 73,23
54 Hebräer 10,10
55 Matthäus 12,36
56 Frei nach Helmut Thielicke
57 Matthäus 12,25

58 Hosea 11,4
59 Dietrich Bonhoeffer, «Von guten Mächten»
60 Frei nach Helmut Thielicke
61 Karl Marx, «Das Kapital»
62 Roland Baader
63 Ludwig von Mises, «Menschliches Handeln», Bd. 1
64 Claude Bernard, 1813–1878
65 Fjodor Dostojewski, «Aufzeichnungen aus dem Kellerloch»
66 Matthäus 22,37–40
67 2. Thessalonicher 2,10
68 Gertrud von Le Fort, «Die Magdeburgische Hochzeit»
69 Matthäus 5,37
70 Johannes 9,4
71 Ebd.
72 Maleachi 2,5
73 Johannes 5,40
74 1. Korinther 1,18
75 Johannes 6,44
76 Psalm 91,1
77 Aaron J. Trachtenberg, Braden Manns, «Cost analysis of medical assistance in dying»
78 Titel eines Buches von Andreas Thiedtke über die Logik des Handelns
79 2. Timotheus 1,7
80 Psalm 14,1
81 5. Mose 17,14–20
82 5. Mose 24,16
83 2. Mose 34,7
84 Psalm 91,1
85 Römer 6,23
86 Prediger 7,20
87 Lukas 18,19
88 Hebräer 10,9–10
89 Lukas 10,27
90 Hesekiel 2,5